高等职业教育产教融合系列教材·电子商务类

电子商务视觉设计

主　编　蒋晶晶　史勤波
副主编　孙家辉　张杭涛

北京理工大学出版社
BEIJING INSTITUTE OF TECHNOLOGY PRESS

版权专有　侵权必究

图书在版编目（CIP）数据

电子商务视觉设计/蒋晶晶，史勤波主编．—北京：北京理工大学出版社，2021.4
(2021.5 重印)

ISBN 978-7-5682-9432-4

Ⅰ.①电⋯　Ⅱ.①蒋⋯②史⋯　Ⅲ.①电子商务-视觉设计-高等学校-教材　Ⅳ.①F713.36②J062

中国版本图书馆 CIP 数据核字（2021）第 004967 号

出版发行 / 北京理工大学出版社有限责任公司	
社　　址 / 北京市海淀区中关村南大街 5 号	
邮　　编 / 100081	
电　　话 /（010）68914775（总编室）	
（010）82562903（教材售后服务热线）	
（010）68948351（其他图书服务热线）	
网　　址 / http：//www.bitpress.com.cn	
经　　销 / 全国各地新华书店	
印　　刷 / 唐山富达印务有限公司	
开　　本 / 787 毫米 × 1092 毫米　1/16	
印　　张 / 12.25	责任编辑 / 徐艳君
字　　数 / 295 千字	文案编辑 / 徐艳君
版　　次 / 2021 年 4 月第 1 版　2021 年 5 月第 2 次印刷	责任校对 / 周瑞红
定　　价 / 59.80 元	责任印制 / 施胜娟

图书出现印装质量问题，请拨打售后服务热线，本社负责调换

前言 Preface

作为电商视觉设计实操教程,本书基于实际网店素材,由浅入深、循序渐进地讲解电商视觉设计中必须掌握的理论知识、实操技能、案例和方法。

如何将商品的卖点、商品品牌的信息通过视觉系统传递给客户,来增加点击率、增加转化率、提升调性,这就是视觉的作用。本书编写的电商视觉系统设计,不只是简单地教读者设计一张图,而是教读者如何进行系统的思考。视觉设计需要有思考,如果没有系统化的考虑,仅简单地让美工处理,则无法实现品牌电商的成功需求。

本书内容

本书编写的主要目的是帮助读者了解电商视觉设计知识,提高综合设计素质,学习如何把设计主题鲜明、直观、准确地表达出来。全书共分六章,第一章带领读者认识电商视觉设计以及视觉设计岗位职责;第二章介绍了商业摄影的基本技巧和用光技法、色彩应用和构图应用;第三章讲解了利用 Photoshop 软件进行图片处理,包括图片的自动调整、二次构图、批处理的应用、常用抠图技法、信息添加、调整光影层次和图片色彩;第四章讲解了电商网店的界面设计,包括用户体验分析、视觉定位、店铺首页架构和详情页架构、商品陈列、文案美化以及视觉优化;第五章讲解了电商的品牌形象,对标志从意义功能、创意策略、设计及制作进行了完整的阐述;第六章讲解了促销海报设计的标准、步骤,以及案例分析,并总结出促销海报设计的要求。

本书特色

★ 寓理于例、浅显易懂

本书采用理论指导和大量案例分析的方式,加深读者对电商视觉设计的理解和掌握,让读者能够在实际应用中做到学以致用、举一反三。

★ 立意全面、实用指导

本书内容全面，从视觉岗位技能出发，前期拍摄、图片处理，到用户体验、视觉定位、首页详情页设计，至品牌形象，促销海报制作，完整地体现了电商视觉设计师在其职责下的岗位技能，对于学生及自主创作者能完整地独立完成视觉设计流程有很好的实践意义。

★ 全彩印刷、资源丰富

为了让读者更直观地观察美工设计效果，本书特意采用全彩印刷，版式精美，让读者在赏心悦目的阅读体验中快速掌握电商视觉设计的相关知识。同时，本书还提供了教案、微课视频、在线精品课程等立体化的学习资源。

适合读者

本书层次分明、重点突出、步骤清晰、通俗易懂、图文并茂。可作为国内高职、应用型本科、中职院校电子商务、市场营销、网络营销、移动商务、数字媒体等专业课程的教学用书或参考用书，也可作为电商网店视觉设计师、网店创业者自学和政府企业电子商务培训用书。

电商发展速度之快，是我们无法想象的，任何一个所谓的标准都不可能完全通用，也不可能适合于电商所有发展阶段的团队，只能希望不断改善。由于作者水平有限，未免有遗漏之处，望各位读者批评指正。

编　者

目录 Contents

第一章　电商视觉设计概述……………………………………………………（1）

一、网店视觉设计要求……………………………………………………（1）
　（一）遵循消费者购买行为周期…………………………………………（1）
　（二）遵循消费者购买心理阶段…………………………………………（2）
　（三）遵循网店页面高可阅读性要求……………………………………（2）
　（四）遵循页面导航顺畅，增加消费者浏览体验………………………（6）
　（五）遵循页面设计风格布局统一，增强视觉感………………………（7）

二、走进网店视觉营销设计………………………………………………（8）
　（一）视觉设计对网店的意义……………………………………………（8）
　（二）视觉营销设计的基本原则…………………………………………（8）

三、网店视觉设计岗位职责………………………………………………（10）
　（一）网店视觉营销设计工作流程………………………………………（10）
　（二）网店视觉设计岗位职责……………………………………………（11）

第二章　商业摄影………………………………………………………………（12）

一、摄影的基本技巧………………………………………………………（12）
　（一）曝光…………………………………………………………………（12）
　（二）焦距…………………………………………………………………（14）
　（三）景深…………………………………………………………………（15）
　（四）ISO 感光度…………………………………………………………（16）
　（五）快门速度……………………………………………………………（16）

二、摄影的用光技法 ··· (17)
 （一）摄影中常见光源设备 ·· (17)
 （二）摄影中用光基本技巧 ·· (18)
 （三）拍摄不同材质商品的用光技巧 ································ (22)

三、摄影色彩设计与应用 ··· (24)
 （一）摄影的影调与色调 ·· (24)
 （二）色彩选择与应用 ·· (28)

四、摄影构图设计与应用 ··· (30)
 （一）摄影构图基础 ·· (30)
 （二）常见摄影构图技巧 ·· (31)
 （三）摄影构图处理的基本法则 ······································ (36)

第三章 图片处理··(40)

一、专业的图片处理软件——Photoshop ································· (40)
 （一）了解 Photoshop 的界面构成 ·································· (40)
 （二）Photoshop 图片处理的基本流程 ······························ (40)
 （三）认识 Photoshop 在商品图片处理中的重要功能 ················ (44)

二、商品图片的自动调整 ··· (46)
 （一）使用自动色调命令还原商品色调 ······························ (46)
 （二）使用自动颜色命令纠正偏色的图像 ···························· (47)
 （三）使用自动对比度命令让商品更有层次感 ························ (47)

三、商品图片的二次构图 ··· (48)
 （一）使用裁剪工具获得更理想的构图 ······························ (48)
 （二）选用预设裁剪值快速裁剪图片 ································ (49)

四、商品图片批处理的应用 ··· (50)

五、常用抠图技法 ··· (53)
 （一）规则形状的商品抠取 ·· (53)
 （二）根据色彩选取商品对象 ·· (59)
 （三）精细的图像抠取 ·· (64)

六、图片中的信息添加 ··· (69)

（一）商品图片中的矢量元素添加 …………………………………………（69）
　　（二）用文字让商品信息表现更准确 ………………………………………（72）
七、调整商品的光影层次 …………………………………………………………（74）
　　（一）商品图片的明暗调整 …………………………………………………（74）
　　（二）对商品图片的局部调修 ………………………………………………（88）
八、调整商品图片的色彩 …………………………………………………………（90）
　　（一）调整图片整体色彩 ……………………………………………………（91）
　　（二）优化饱和度让商品色彩更鲜艳 ………………………………………（91）
　　（三）商品图片的局部润色 …………………………………………………（93）

第四章　界面设计 …………………………………………………………（98）

一、用户体验分析 …………………………………………………………………（98）
　　（一）用户体验及要素 ………………………………………………………（98）
　　（二）用户调研 ………………………………………………………………（100）
　　（三）视觉动线 ………………………………………………………………（104）
二、视觉定位 ………………………………………………………………………（105）
　　（一）品牌型视觉定位 ………………………………………………………（107）
　　（二）流量型视觉定位 ………………………………………………………（107）
　　（三）两种视觉效果的节奏 …………………………………………………（107）
三、店铺架构 ………………………………………………………………………（108）
　　（一）店铺首页架构 …………………………………………………………（108）
　　（二）详情页架构 ……………………………………………………………（124）
　　（三）关联营销 ………………………………………………………………（129）
　　（四）商品描述的规范流程 …………………………………………………（131）
四、商品陈列 ………………………………………………………………………（135）
　　（一）商品陈列的基本原则 …………………………………………………（136）
　　（二）品类规划 ………………………………………………………………（139）
　　（三）搭配套餐 ………………………………………………………………（140）
五、文案美化 ………………………………………………………………………（142）

（一）文案字体 …………………………………………………………（142）
　　（二）促销文案的美化设计案例 ………………………………………（144）
六、视觉优化 ……………………………………………………………………（149）
　　（一）视觉优化的重要性 ………………………………………………（149）
　　（二）网店活动视觉优化 ………………………………………………（149）
　　（三）网店活动视觉优化案例 …………………………………………（150）

第五章　品牌形象 ……………………………………………………………（153）

一、标志的意义及功能 …………………………………………………………（153）
　　（一）标志的意义 ………………………………………………………（153）
　　（二）标志的功能 ………………………………………………………（156）
二、标志设计的创意策略 ………………………………………………………（158）
　　（一）以品牌或机构名称为主体展开创意策略 ………………………（158）
　　（二）根据品牌名称的直观形象进行创意策略 ………………………（158）
　　（三）围绕品牌名称的内涵展开创意策略 ……………………………（158）
　　（四）以行业特有的典型元素展开创意策略 …………………………（159）
　　（五）围绕历史或地域特色进行创意策略 ……………………………（159）
三、标志的设计及制作 …………………………………………………………（159）
　　（一）标志设计的草稿 …………………………………………………（159）
　　（二）标志的制作 ………………………………………………………（162）
四、动画制作的流程 ……………………………………………………………（163）
　　（一）前期 ………………………………………………………………（163）
　　（二）中期 ………………………………………………………………（164）
　　（三）后期 ………………………………………………………………（165）

第六章　促销海报设计 ………………………………………………………（167）

一、网络促销海报设计标准 ……………………………………………………（167）
　　（一）形式美观 …………………………………………………………（167）
　　（二）调性一致 …………………………………………………………（176）
　　（三）主题突出 …………………………………………………………（178）

（四）用户明确 …………………………………………………………（179）
二、促销广告设计步骤 …………………………………………………（181）
三、海报广告素材管理方法 ……………………………………………（183）
　（一）素材资料的收集 …………………………………………………（184）
　（二）资料的管理 ………………………………………………………（184）

参考文献 ………………………………………………………………（185）

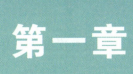

第一章 电商视觉设计概述

一、网店视觉设计要求

现阶段网络上关于网店装修的资料数不胜数,平台也为商家开放了服务装修市场,商家可以很方便地一键装修店铺。此举造成众多店铺模板相似,风格一致,没有形成自己店铺的特色,并且关于详情页的页面设计,例如设计灵感的实现、色彩调性的把控、商品形象的定位、视觉营销理念的运用等,内容不足。

网店视觉设计是一个系统性的工作,涉及消费者行为分析、心理分析、商品卖点分析、页面元素甄选、效果技术实现等各个方面。其一般要符合以下要求:

(一)遵循消费者购买行为周期

购买行为周期是指消费者从选择商品到购买商品时经过的一系列阶段,各个阶段之间的门槛是让消费者进入下一阶段时要面临的挑战。网店视觉设计需分析和发现消费者所处的不同购买行为周期阶段,并能针对性地做出对应决策。

消费者购买行为周期可分为以下 5 个阶段:

1. 未发现

处于这个状态的消费者从未购买过店铺商品,没有看到店铺。针对处于此阶段的消费者,商家要做的就是通过推广吸引他们的注意。

2. 感兴趣

处于此阶段的消费者通过各种渠道对店铺和商品有了一定的了解,产生了兴趣,但是还没有下单购买的决定,还想对店铺和商品有进一步的了解。

3. 首次购买

处于此阶段的消费者已购买店铺商品并使用,他们已经开始对商品价值进行判断。

4. 二次购买

消费者初次购物体验非常好,于是会关注店铺,并再次购买。此时商家要抓住优质消费者,使之成为店铺的忠实老客户。

5. 多次购买

此阶段的消费者信任店铺和商品，不仅多次购买，并会向他人分享自己的消费心得、使用经验等。

消费者购买行为周期与网店视觉设计基本要求如表1-1所示。

表1-1 消费者购买行为周期与网店视觉设计基本要求

消费者购买行为周期	消费者特点	网店视觉设计基本要求
未发现	接收大量信息	刺激吸引消费者注意
感兴趣	产生购买欲望	使消费者产生情感共鸣
首次购买	决定购买	质量保证、优惠设置
二次购买	初步满意	老客户优惠设置
多次购买	成为老客户	高级老客户优惠设置

（二）遵循消费者购买心理阶段

同样的商品，在网店中的销量天差地别，这就需要商家必须关注消费者在购物行为发生过程中的心理变化。消费者不同阶段的购物心理对网店页面的视觉感受有不同诉求。依据消费心理学理论，我们可将消费者购物过程的心理变动分为五个阶段：引起注意、产生兴趣、培养欲望、形成记忆、购买行动。

在这五个阶段中，网店视觉设计要把握阶段性的差异，充分挑战各种视觉表现，以有效的页面视觉表现促使消费者下单购买。如表1-2所示。

表1-2 消费者购买心理分析

消费者购物心理	各阶段心理语言	视觉设计重心
引起注意	无所谓	制造视觉冲击
产生兴趣	可以看看	商品硬实力展现
培养欲望	好像不错	文案共情
形成记忆	综合感觉挺好的	情感塑造
购买行动	买件试试	性价比超值

（三）遵循网店页面高可阅读性要求

网店页面的高可阅读性是增强消费者消费体现的重要渠道。页面的高可阅读性主要包括页面的文字大小、色彩布局搭配、页面商品图片的商品信息可获性、页面设计效果须符合法律法规及相关电商平台规则等方面。

1. 页面的文字大小

页面的文字大小应根据页面结构与表达诉求而定，不宜一概而论。在展示页面中，文字的"大、小、多、少"都要根据页面情况调整。烦琐的页面排版会使页面主次不分，消费者不容易抓到商家想表达的重点，对商品信息产生抵触情绪。图1-1是淘宝网某店展示床上用品的单品详情页，页面中充斥着大量的文字信息，且文字的字体、字号、颜色等都不统一，商品图片信息不足，这会造成消费者蜻蜓点水式的浏览，不会停留太多的时间仔细阅读文字信息。

图1-1 淘宝网某店单品详情页

2. 色彩布局搭配

色彩布局搭配应符合页面表达诉求和消费者视觉感受要求。心理学研究表明，有92.6%的人认为视觉将影响他们的购物决策，而人们潜意识地会在90秒内通过色彩判读自己是否要购买商品。因此，网店页面的色彩布局搭配应充分考虑商品的主要特性和主要目标客户群的性别、年龄、地理位置等。色彩布局搭配，除了要考虑主色调，还需要兼顾色彩组合、搭配比例等。表1-3、表1-4分别归纳了不同色彩对人们情绪的影响以及不同性别对色彩的偏好倾向。图1-2是某店的首页长图，全页使用黑、红、橘、浅灰等色彩，一方面与店铺的主体商品的消费定位对应，另一方面也符合消费群体对色彩的偏好个性。

表1-3　不同色彩对人情绪的影响

色彩	情绪诉求
黄色	乐观、年轻，常被使用于获取 Window Shopper 的注意力
红色	充满活力、心跳加速、创造急迫性，常出现在清仓大拍卖中
蓝色	建立信任感和安全感，常出现在银行和企业中
绿色	跟健康有关，对眼睛来说是最舒服的色彩，通常会使用在实体店家，可传递放松的感觉
橘色	积极、创造行动呼吁，以带动订阅、购买或销售
粉红色	浪漫和女性主义，通常会在女性和年轻女性的商品市场出现
黑色	强而有力，通常出现在奢华的商品中
紫色	放松和冷静，常被用于美妆和抗老化的商品

表1-4　不同性别对色彩的偏好倾向

性别		色彩的偏好倾向				
男性	偏好色彩	蓝色（57%）	绿色（14%）	黑色（9%）	红色（7%）	橘色（5%）
	不喜欢色彩	咖啡色（27%）	紫色和橘色（22%）	黄色（13%）	灰色（5%）	
女性	偏好色彩	蓝色（35%）	紫色（23%）	绿色（14%）	红色（9%）	黑色（6%）
	不喜欢色彩	橘色（33%）	咖啡色（20%）	灰色（17%）	黄色（13%）	紫色（8%）

图1-2　某店的首页长图

3. 页面商品图片的商品信息可获性

页面商品图片等信息传递应符合消费者浏览诉求。消费者主要通过商品页面中的文字、图片等信息去了解商品，对商品的认知程度较多地限于设计者在页面中提供的相关信息。如何在有限的页面幅面内将消费者最需要的相关信息进行定制，并进行有效传递，进而产生有效的购买诱导效果，对视觉设计者来说是需要认真考虑和实现的基本要求。设计者需要将商品信息（图片、文字等）进行有效设计、有序组织、有效传达。

在页面设计中，我们有一个根据页面眼动追踪热力成像形成的F式布局。它是依据浏览者浏览页面时大量的眼动研究得出的一种很科学的布局方法。图1-3就是消费者浏览眼动热像示意图。

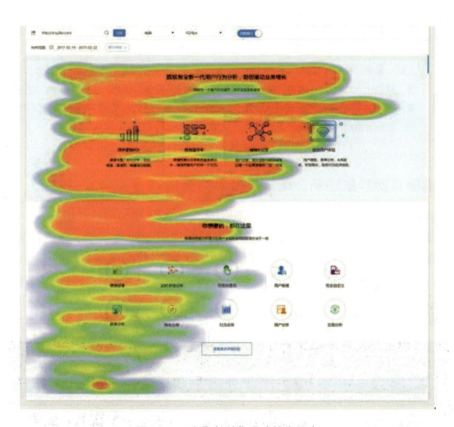

图1-3　消费者浏览眼动热像示意

4. 页面设计效果须符合法律法规及相关电商平台规则

当前各大电商平台对店铺页面的信息发布都有相应的规则限制，不允许出现与国家广告法相悖的信息点。因此，设计者在设计相关的视觉效果时，不能一味地追求页面信息的鼓动性和吸引性，必须深入掌握和规避限制性的信息传递，减少因信息误导而造成的惩罚性处置。图1-4是常见的极限词信息。

极限词（违禁）一览表

最	最、最佳、最具、最爱、最赚、最优、最优秀、最好、最大、最大程度、最高、最高级、最高端、最奢侈、最低、最低级、最低价、最底、最便宜、史上最低价、最流行、最受欢迎、最时尚、最聚拢、最符合、最舒适、最先、最先进、最先进科学、最先进加工工艺、最先享受、最后、最后一波、最新、最新技术、最新科学
一	第一、中国第一、全网第一、销量第一、排名第一、唯一、第一品牌、NO.1、TOP.1、独一无二、全国第一、一流、一天、仅一次（一款）、全国X大品牌之一
级/极	国家级、国家级产品、全球级、世界级、宇宙级、顶级、顶尖、尖端、顶级工艺、顶级享受、高级、极品、极佳（绝佳、绝对）、终极、极致
首/国	首个、首选、独家、独家配方、首发、全网首发、全国首发、首家、全网首家、全国首家、首次、首款、全国销量冠军、国家级产品、国家（国家免检）、国家领导人、填补国内空白、中国驰名商标、国际品质
品牌	大牌、金牌、名牌、王牌、领袖品牌、世界领先、（遥遥）领先、领导者、缔造者、创领品牌、领先上市、巨星、著名、掌门人、至尊、巅峰、奢侈、优秀、资深、领袖、之王、王者、冠军、史无前例、前无古人、永久、万能、祖传、特效、无敌、纯天然、100%、高档、正品、真皮

图1-4 极限词一览表

（四）遵循页面导航顺畅，增加消费者浏览体验

各种促销活动设计或品类规划等原因，使网店的页面往往会形成长图或多个页面组合的情况，这就需要在页面中有效植入相关的导航及搜索功能，如导航条、站内搜索、分类等，以确保消费者在浏览页面时"不迷路"，且能快速找到感兴趣的商品页面。

通常消费者对页面的浏览习惯是从左到右、从上到下，所以在页面设计中，导航要明确、导向要清晰，使消费者浏览页面时更顺畅，有效提高消费者的页面浏览体验。图1-5是淘宝某店的首页导航信息。图1-6是淘宝某店的站内信息搜索框。

图1-5 淘宝某店的首页导航信息

图1-6 淘宝某店的站内信息搜索框

（五）遵循页面设计风格布局统一，增强视觉感

店铺页面设计布局风格统一能够增强消费者舒适的第一既视感。这种一致性主要体现在页面布局中的背景、文字、图片、排版、色彩等多维度的和谐统一，即网店中每个页面版块的主体文本、字体、字号、排版、色彩、超级链接等都应保持一致性。这种一致性，一方面能强化店铺的对外展示风格，另一方面也能促成消费者的页面浏览评价——店铺设计的专业性和严谨性。图1-7是淘宝网某儿童创意手工用品店首页的"掌柜推荐"栏，栏中各商品的展示风格整体上较卡通化，符合店铺的商品特点，这一点值得肯定，但整个画面在整体视觉上却非常紧凑，无形中会增加消费者的视觉疲劳度，对商品的关注和辨析自然会减少。

图1-7　淘宝网某儿童创意手工用品店首页

二、走进网店视觉营销设计

视觉营销是属于营销技术的一种,而设计是实现该技术结果的一个过程。网店的视觉设计需做到提升店铺品牌形象,提升信任感,提升商品品质,增强用户体验,提高易用性,增加页面访问量,增加消费者页面停留时间,提高点击率和转化率,等等。

(一) 视觉设计对网店的意义

视觉营销设计是网店必不可少的营销手段之一。所谓视觉营销即利用色彩、图像、文字等元素造成的冲击力吸引潜在消费者注意,提升网店的流量,并且刺激消费者的购买欲望,促其成交,甚至成为店铺的忠实粉丝。

(二) 视觉营销设计的基本原则

视觉营销设计集交互设计、用户体验、信息架构于一体,重点在于对视觉线和消费者心理的把控,其基本原则如下:

1. 目的性

网店本身就是虚拟店铺,以视觉冲击吸引消费者目光并促其产生购买的欲望和行为是最主要的目的。网店售货,可以通过色彩、图片和文字来传达信息。一家店铺无论多么复杂,它都是由一张张图片、一段段文字和一组组代码组合起来的,这就体现了视觉营销的基础三要素:图片、文字和商品。文字尽量简短精辟,富有吸引力,符合消费者年龄段和日常中的需求;图片不仅要精致美观,更要考虑区别于同类商品的店铺,形成自己的风格,抓住消费者的眼球;商品尽量展示特点以及优势,使消费者产生点击的冲动。

2. 灵活性

设计要始终注重消费者的视觉感受,偶有一次活动视觉效果好,产生了不错的销量,并不是可以持续使用这次设计稿,不用再调整,因为久而久之会给消费者造成审美疲劳;可以在好的效果中提取经验,继续挖掘好的点,优化不足之处。定期优化,更换店铺设计,营造良好的购物环境,更容易形成消费者购买的良性循环。

3. 实用性

实用性主要关系到消费者的体验感,商家可以巧妙地利用文字和图片说明,让消费者轻松了解店铺和商品的结构与特色。如果店铺与产品线是紧密结合的,就一定要注意到环环相扣的实用性,不能让商品摆放杂乱无章。

实用性是指做到服务好消费者的需求,权衡可操作性。为此细节上还需注意以下几个问题:

①店铺中的海报以及关联营销等是否链接到了对应的商品页面。
②不同的商品页面是否帮消费者考虑到最合适的搭配套餐的选择。
③商品页中的关联营销是否都是有必要的,尽量去除相似的关联广告,如图1-8所示的关联营销就过多且较重复。

图1-8 关联营销过多且较重复

4. 传达性

在互联网时代，再优质的商品也需要引起消费者的关注才能形成交易。一个虚拟网店，图片直接的视觉冲击是最快速吸引消费者的方式。例如店招，要利用店招让消费者对商家形成记忆，记住品牌。图1-9所示为茵曼旗舰店的店招，左边是店铺品牌名和品牌文化——棉麻女装领军品牌，店招正中间是店铺近期的优惠活动，几乎可以抓住每个进店消费者的注意力，达到为活动引流的效果。店招的最右边还添加了品牌的一系列附加信息，可以帮助消费者更好地了解品牌。

图1-9 茵曼旗舰店的店招

商品主图在传递信息时也需要简约明了、色彩鲜明、卖点突出，如此才容易被消费者点击。无论商品本身是否具有吸引力，视觉设计师都应当让消费者能容易地识别商品图片与文字，针对商品属性和特色用最明确的方式表达出，让消费者看一眼就能感受到效果并产生购买的欲望。如图1-10所示，吸尘器主图中的图二，红色、黑色相结合，色彩鲜明，红色的底色在众多主图中更亮眼，并且给消费者造成一种紧迫感：前2分钟实付减半，商品本身的图片效果也很有科技感。

同样，商品分类也需要视觉营销，不要让消费者在店铺里翻找。商家要注意用容易进入各个分类或各个主推栏目甚至主推单品的导航，从视觉上引导消费者，让消费者跟着设计师精心规划的店铺路径走。如图1-11所示，这是一家卖钱包的店铺，将9.9元起疯抢放在前面，非常容易吸引消费者的注意力。

图 1-10　商品主图

图 1-11　分类导航

三、网店视觉设计岗位职责

（一）网店视觉营销设计工作流程

设计师要做好视觉营销设计，不仅需要具有一定的审美能力、设计软件操作能力、素材的运用能力，更重要的是要具有营销的理念，将营销的理念运用在设计的页面中。图 1-12 是视觉营销设计工作流程。

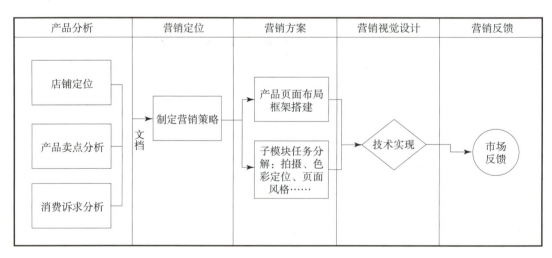

图 1-12　视觉营销设计工作流程

（二）网店视觉设计岗位职责

根据视觉营销设计工作流程，网店视觉设计岗位职责大致可分为三个：

1. 视觉统筹相关工作

①对店铺商品有一定敏感度，对店铺整体风格进行视觉规范，对商品图片拍摄提出要求。

②对店铺布局有丰富经验，能站在消费者角度思考，提高易用性，挖掘消费者的浏览习惯和点击需求。

③对活动图片和商品图片进行创意及对文案提出要求。

④定期对各项图片反馈的数据进行分析并提出优化方案。

⑤与店铺运营部门保持沟通，及时了解运营端的需求，更合理地将运营思路用图片的方式进行表达。

2. 设计相关工作

①根据店铺整体风格进行店铺首页、分类页、商品详情页等其他页面的布局和设计。

②对店铺品牌定位要有深刻理解，对同行店铺装修要有分析能力。

③商品详情页需配合文案突出商品卖点。

④图片制作和修饰及商品上架。

⑤针对网店所用的图片进行整体归类及备份。

3. 文案相关工作

①负责网店文案的编辑，对商品进行直观、感性、富有吸引力的描述，提高商品描述的转换率。

②编写和优化网店内容和商品介绍，有效提升消费者购物欲望。

③负责店铺的整体文案策划和编辑，使商品促销实现多样化、内容化、品牌化。

④参与店铺促销活动、推广活动的策划并提出建设性意见。

⑤学习调查行业竞争对手及同行业各项促销活动和文案策划并提出应对策略。

⑥对商品卖点文字进行提炼与润色，力求打动消费者。

第二章 商业摄影

视觉设计的基础是图片资源。获取图片资源的渠道主要有两种：一是网络图片收集。这种方式的优点在于图片资源丰富，选择空间大，能获得合适的图片素材资源；缺点是网络图片会涉及版权的问题，且图片的雷同性问题会突出。二是通过商业摄影获得原创性图片。这种方式的优势是图片的原创性独立，不会涉及版权问题，且能根据自己的视觉设计需求提前完成商品的造型和摆设；缺点是对商业摄影技能要求较高，需要专业的摄影器材和摄影技术。

为确保设计者获得高质量的图片原片，在商品图片拍摄中必须掌握良好的拍摄技巧。

一、摄影的基本技巧

（一）曝光

曝光是指让光线通过镜头到达感光片上，使感光材料在光化作用中产生层次丰富、造型清晰的影像。

1. 正确曝光

正确曝光是由快门速度和光圈相互协调一致而产生的，快门速度控制曝光时间的长短，而光圈控制着镜头通光量的多少，快门速度与光圈恰当的配合使感光材料能够接受经过精确调整的定量光，做到正确曝光的目的。正确曝光意味着画面上的景物相对的影调层次关系都充分表现出来，也就是从高光、亮部，到暗部、阴影处所有不同的影调都在底片上表现出来。在图 2－1 中，被摄物的高亮、明亮、暗部、阴影等区域能有效地渐变过渡。

2. 曝光过度和曝光不足

曝光过度是由于过度的光线照射在记录载体上，光线的强度超过了记录载体把被摄物中的亮部细节表达出来的条件，以至于画面的亮部出现大块白色或者全白了，无法看清其中的细节；反之，则为曝光不足，曝光不足影响画面暗部细节的表现，甚至是丧失全部细节。如图 2－2 所示，由于光线不足，拍摄曝光不够，礁石的背光面是全黑的，致使其礁石的细节被隐藏。图2-3属于正常曝光，各部分的细节都展示良好。图2-4则由于光线过强，拍摄时没能控制好曝光，致使照片整体发白，海浪、云彩的细节丢失。

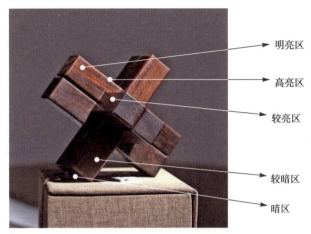

图 2-1　正确曝光

图 2-2　曝光不足　　　图 2-3　正确曝光　　　图 2-4　曝光过度

摄影必须正确曝光，而正确曝光首先来自正确的测光，就是在拍摄时应当先搞清楚外界光照原本的状况与基本光照度是多少，有了正确的测光数据才能够精确地调整快门速度和光圈，从而拍出曝光效果更理想的照片。

3. 曝光补偿

曝光补偿是为了使曝光更加精确而采用的一种控制模式，在传统相机和数码相机里都有这个设置，曝光补偿一般都是在±2.0EV左右。在拍摄中，环境光线昏暗，需要适当增加亮度，就可以对曝光继续补偿来适当增加曝光量；如果环境光线明亮，就要减少曝光补偿的EV值。曝光补偿在拍摄纯白或纯黑物件时会经常用到。图2-5展

图 2-5　曝光正向补偿

示的是一个咖啡白瓷杯，通过曝光正向补偿方式营造出高影调的画面感，渲染出白瓷杯的质感。

（二）焦距

焦距在摄影中关系到被摄物画面影像的大小、场景的大小以及影像清晰度等，这些对于拍摄主题的表现与画面艺术效果的表达都会产生非常直接的影响。有关焦距的基本概念一般包含焦距、透视和物距三个。

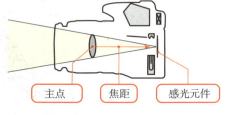

图 2-6　相机焦距示意图

1. 焦距

焦距就是从镜头的中心点到胶片平面上所形成的清晰影像之间的距离，如图 2-6 所示。

2. 透视

镜头焦距的不同会带来视角的不同，进而影响到画面的透视关系，如图 2-7 所示。在现实生活中，人眼观看远近景物的透视规律如下：

①物体远近不同，人眼感受它的大小不同，越近越大，越远越小，最远的小点会消失在地平线上。

图 2-7　摄影中的透视效果

②有规律的排列形成的线条或互相平行的线条，越远越靠拢和聚集，最后汇聚为一点而消失在地平线上。

③物体的轮廓线条距离视点越近越清晰，越远则越模糊。摄影者可以在画平面上表现线条透视规律的现象，即可以表现出空间深度。

3. 物距

物距就是指照相机镜头与被摄物体之间的距离，如图 2-8 所示。物距的改变会使透视效果改变,在相同的光圈设置下,物距的改变也会引起画面景深的变化。

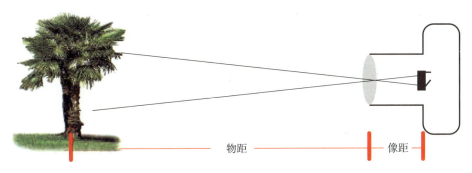

图2-8 相机物距

(三)景深

在摄影创作中,有时为更好地凸显主体,往往会通过虚化背景、锐化主体的方式来呈现,这就涉及摄影中的"景深"概念。

1. 景深的概念

景深,就是在所调焦点前后延伸出来的"可接受的清晰区域",以此呈现清晰影像的纵深距离。利用景深可以调节所摄景物的前后清晰范围,从而达到对纵深方向景物的取舍。大、小景深如图2-9所示。

图2-9 大景深和小景深的效果对比

2. 影响景深的因素

在摄影拍摄中,影响景深变化有三个基本因素,其中,最能引起景深效果的就是镜头光圈。

(1)镜头光圈

镜头光圈大小会影响到光线的折射现象。光圈越大，景深越小；光圈越小，景深越大。

(2) 镜头焦距

镜头焦距越长，景深越小；镜头焦距越短，景深越大。

(3) 拍摄距离

拍摄距离越远，景深越大；拍摄距离越近，景深越小。

（四）ISO 感光度

ISO 感光度表示底片对光线的敏感程度，是判断光圈与快门所需数值的重要依据，与曝光值形成三角关系，让进光量相互取得平衡，从而获取设定标准与良好的拍摄成果。对于每张照片来说，操作时的 ISO 值都会直接影响快门速度与光圈的调配。随着 ISO 值变高，曝光所需时间会跟着缩短，于是底片的成像质量也会有所下降。

（五）快门速度

快门速度除了与光圈组合来控制曝光量，其本身也是一种表现的手段。现代照相机的发展使拍摄的速度极大提高，最快已经超过万分之一秒，结合 B 门可有数十分钟到数小时的慢速度，如此长的拍摄速度选择空间也给摄影艺术创作带来了很大的创作空间。

1. 快门速度的操控

某些领域和某些题材的拍摄需要优先考虑快门速度的选取。控制快门速度的，可以首选曝光模式中的"快门速度优先模式"。当然，其他曝光模式也可以通过测光参数选择到合适的快门速度值。

2. 不同快门速度的艺术效果

快门速度的选择，总体来说是基于对影像清晰度的追求。但是，对于摄影艺术表现来说，快速度拍摄有瞬间凝固的魅力，慢速度则有流动飘逸的美感。

(1) 捕捉瞬间

摄影创作中选择快速拍摄，意在记录运动中的被摄物在某一时间点上的动作定格，确保成像清晰，如图 2-10 所示。有三个因素会影响到运动物体的清晰度：物体本身的速度、物体与摄影者的距离以及物体运动方向与摄影者的夹角。

①物体本身的速度。就是要考虑到物体本身的运行速度越高，就需要有越高的快门速度才能使影像保持清晰。

②物体与摄影者的距离。即物体与摄影者的距离越近，运动感越强，越需要更高的快门速度。

③物体运动方向与摄影者的夹角。

图 2-10 捕捉动作瞬间

物体运动方向与摄影者成90°夹角时，也就是横穿过画面时，这时的动感最强，随着夹角减小，动感也会减小，直至0°，也就是朝向或者背向摄影者时，动感最弱。

由于上述三个因素的综合影响，实际拍摄中具体快门速度的数值是多少才能捕捉到清晰的影像是难以固化的。但是，有些物体的运动轨迹可以凭借经验做出判断并估算出相对应的快门速度。

（2）营造动感

营造动感的照片就是运用慢速度拍摄，在拍摄中适当地降低快门速度，记录运动物体在某一时间段内的运动轨迹变化情况，刻意地使照片产生动态模糊，从而表现出一种律动感，如图2-11所示。这种动态模糊影像不等于照片模糊，两者有着本质的区别。它是有意识地舍弃掉无关紧要景物的清晰度，而主体物的影像还是相对清晰的。它属于对画面表现效果的一种追求。很多摄影师喜欢在创作中采用这种方法，因为它能够带来独特的视觉享受。

图2-11 营造动感状态

二、摄影的用光技法

光在摄影中的地位举足轻重，不仅可以使被摄物清晰明亮，还能影响物体的光影变化，让普通的照片具有不一样的光影效果。

（一）摄影中常见光源设备

摄影中常用的光源分自然光源和人工光源。自然光源指的是晴天里太阳的直射光、天空光，阴天、雨天、雪天里的漫散射光，还有月光和星光。自然光源不受人控制，其光照强度和角度是随着时刻的变化而变化的，因而拍摄时间较不稳定。除此之外，太阳光容易被云层或其他物体遮挡，光线明暗反差小，立体感弱，这就更凸显人工光源存在的必要性。

人工光源很丰富，可以是电子闪光灯、冷光源高色温摄影灯、溢光灯、聚光灯、荧光灯，也可以是火光、烛光等。人工光源有使用方便、灵活的特点，并且不受时刻天气的变化影响，光照强度、角度、色温等都可以按照需求进行调试，因此在拍摄中越来越频繁地被使用。

商业摄影对照片的表现效果有着极为严格的要求，因此，许多被摄物都被置于影室内精雕细镂地进行布光和拍摄。用于室内照明的光源主要有钨丝灯和电子闪光灯两种。由于电子闪光灯具有发光强度大、色温稳定、发热少和电耗小等优点，因此目前摄影室拍摄多采用电子闪光灯。其中比较常用的电子闪光灯有伞灯、柔光灯、雾灯、泛光灯和聚光灯等几种。

1. 伞灯

将不同质地、规格的反光伞装在泛光灯上就成为伞灯，如图2-12所示。伞灯的特点就是发光面积大，光性柔和，反差较弱。

2. 柔光灯

在各种闪光灯灯头上加上柔光罩，就成为柔光灯，如图 2-13 所示。柔光灯所发出的光是由闪光灯发出的直射光与反光罩的反射光混合后，再经柔光罩透射扩散而成的。柔光灯的特点是能提供平均而充足的照明，发出的光柔和，但方向一般强于伞灯，反差清晰，投影效果浓于伞灯，富有良好的层次表现。

图 2-12　伞灯　　　　　　　　　　图 2-13　柔光灯

3. 雾灯

雾灯的灯头由特殊的闪光灯头做成，闪光管前有反射玻璃，其输出的光全部为由反光罩反射后的透射扩散光。雾灯特别适合商品（尤其是高光洁度物体）的拍摄，其特点是可提供非常平均而大面积的照明，光线柔和，对细节部分层次、色泽、饱和度表现俱佳。

4. 泛光灯

泛光灯是最常用的灯具，由电子闪光灯装上反光罩构成。泛光灯所发的光为直射硬光，光的亮度高，方向性强，反差大，产生的投影浓重。此外，光域的中心部位光值高，边缘部分衰减明显。

5. 聚光灯

聚光灯通常在光源后面装有镜面球型反光器，光源投射的光被反光器反射后经前部的聚光镜聚焦而发射出平行的光束。聚光灯的特点是发射平行或接近平行的光束，光束很小，亮度高，方向感很强，光性特硬，反差显著。

（二）摄影中用光基本技巧

1. 光度

光度是光的最基本因素，是光源发光强度和光线在物体表面所呈现亮度的总称。光度与曝光直接相关：光度大，所需的曝光量小。此外，光度的大小也直接影响景深的大小和运动物体的清晰或模糊。大光度容易产生大景深和清晰影像的效果，小光度则容易产生小景深和模糊的运动影像效果。

2. 光质

光质指光的硬、软特性。所谓硬,指光线产生的阴影明晰而浓重,轮廓鲜明、反差高;所谓软,指光线产生的阴影柔和不明快,轮廓渐变、反差低。硬光带有明显的方向性,能使被摄物产生鲜明的明暗对比,有助于质感的表现。硬光往往给人刚毅的感觉,如图2-14所示。软光则较为"漫无目的",更能反映物体的形态和色彩,但不善于表现物体的质感,因此往往塑造出轻柔细腻之感,如图2-15所示。

图2-14 硬质光下的视觉效果

图2-15 软质光下的视觉效果

3. 光型

对被摄物而言,拍摄时所受到的照射光线往往不止一种,各种光线有着不同的作用和效果。光型就是指各种光线在拍摄时对被摄物所起的作用。光型通常分为主光、辅光、轮廓光、装饰光和背景光五种。

(1) 主光

主光是被摄物的主要光线,对物体的形态、轮廓和质感的表现起主导作用。拍摄时,一旦确定了主光,则画面的基础照明及基调就得以确定。需要注意的是,对一个被摄物来说,主光只能有一个,若同时将几个光源作主光,被摄物要么受光均等,分不出什么是主光,画面显得平淡,要么几个主光同时在被摄物上产生阴影,画面显得杂乱无章。

(2) 辅光

辅光的主要作用是提高主光产生的阴影部位的亮度,让阴影部位也呈现出一定的质感和层次,同时减小影像反差。在运用上,辅光的强度应小于主光的强度,否则会造成喧宾夺主的后果,并且容易在被摄物上出现明显的辅光投影,即"夹光"现象。

(3) 轮廓光

轮廓光是用来勾画被摄物轮廓的光线。轮廓光赋予被摄物立体感和空间感。逆光和侧逆光常用作轮廓光。轮廓光的强度往往高于主光的强度。偏深暗的背景有助于突出轮廓光。

(4) 装饰光

装饰光主要用来对被摄物局部进行装饰或显示被摄物细节的层次。装饰光多为窄光,人像摄影中的眼神光、发光以及商品摄影中首饰品的耀斑等都是典型的装饰光。

(5) 背景光

背景光是照射背景的光线，它的主要作用是衬托被摄物、渲染环境和气氛。自然光和人造光都可用作背景光。背景光的用光一般宽而软，并且均匀。在背景光的运用上，注意不要破坏整个画面的影调协调和主体造型。

4. 光比

光比是指被摄物上亮部与暗部受光强弱的差别。光比大，被摄物上亮部与暗部之间的反差就大；反之，亮部与暗部之间的反差就小。图 2-16 就是不同光比条件下的视觉效果。通常，主光和辅光的强弱及与被摄物的距离决定了光比的大小，所以拍摄时调节光比的方式有以下两种：

（1）调节主光与辅光的强度

加强主光强度或减弱辅光强度会使光比变大；反之，光比变小。

（2）调节主灯、辅灯至被摄物的距离

缩小主灯与被摄物的距离或加大辅灯与被摄物的距离都会使光比变大；反之，光比变小。

图 2-16　不同光比条件下的视觉效果

5. 光色

光色指光的"颜色"，通常也称为色温。对黑白摄影来说，光色并不十分重要；但在彩色摄影中，光色就显得非常重要了，拍摄时必须选择色温同胶片平衡色温相一致的照明光源，不然，拍摄出来的照片会出现偏色。

6. 光位

光位是指光源相对于被摄物的位置，它可以为画面带来不同光照的艺术效果。在摄影中，光位可以千变万化，但是通常人们还是把光位按照纵、横两个方向归结为几种基本形态，如图 2-17 所示。横向的分为正面光、前侧光、正侧光、侧逆光、逆光；纵向的分为顶光、高位光、平行光、低位光、底光。

（1）正面光

正面光是指光源在相机的背后方向，与照相机镜头朝向为同一方向。正面光的优点是给被摄物提供较均匀的照明，画面给人以平和的感觉；缺点是不易表现空间感、立体感。

（2）斜侧光

斜侧光是指光源与摄影光轴成 45°夹角的侧光，它通常又分为前侧光和侧逆光两种形式。

前侧光一般是指光源位于被摄物前侧方 45°方位的光照条件。前侧光是摄影时一种最常

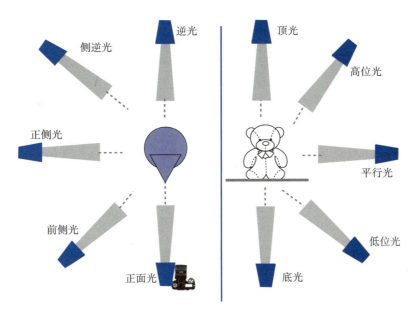

图 2-17 光源布置位置示意图

用的光位，会使被摄物明暗关系分明，适于刻画被摄物的体积感和层次变化。

侧逆光是指光源位于被摄物后侧方的光照条件，由于光通自后侧方，使被摄物在暗背景前产生一条明亮的轮廓线，这种光线容易具有立体感和空间感。

（3）正侧光

正侧光是指光源与摄影光轴成90°夹角的侧光，正侧光能产生强烈的明暗对比，扩大了画面的张力，产生别致的艺术效果。

（4）逆光

逆光指光源一般位于被摄物的背后方位，使被摄物正面处于背光状态。逆光光源又可以和照相机镜头分作顺向逆光和逆向逆光两种形式。

顺向逆光会使被摄物形成优美的剪影。采用这种光位一定要注意被摄物的姿态，因为画面中被摄物仅为剪影形态，所以这个姿态优美与否直接关系到表现的最终结果。

逆向逆光能使被摄物在深暗的影像上产生一条明亮的轮廓线，这种光位能够使平淡的逆光画面产生美妙的光影变化，具有较好的空间感。

（5）顶光

顶光指光源处于被摄物正上方的光位。顶光在摄影中使用较少，因为在摄影时顶光的光影关系处理起来有一定的难度，但是如果将这种非常态光线处理好，往往也能产生新奇的视觉效果。

（6）上方光

上方光是指光源处于被摄物斜上方的光位。这种光位在平常的拍照中经常使用，会使被摄物的明暗关系分明，画面具有较好的立体感和空间感。

（7）平行光

平行光是指光源与被摄物处于平行位置的光位。这种光位不是常见的类型，但用好这种光位能够产生比较特别的光影关系，处理得好，画面容易形成独特的表现效果。

（8）底光

底光又称脚光，光源位于被摄物的下方。这种光线自下而上发出，所以不符合人们对光源认知的常识和人们的视觉习惯，属于非常规的用光方法。可是，这种光位处理得好，往往会产生非常独特的画面效果。摄影师常用这种光线营造恐怖、怪异的感觉和特殊的画面效果。

（三）拍摄不同材质商品的用光技巧

不同材质的商品的布光手法也是不同的，按照被摄物自身的肌理特点，大致可分为透明体、反射体和吸光体三大类。

1. 透明体的质感表现

拍摄透明体是比较有难度的，摄影师不仅要考虑物体本身，还得考虑物体四周的一切，因为拍摄效果如何在一定程度上取决于周围的环境。

当摄影师用灯照射透明的玻璃器皿时，实际上是在照被摄物后面的背景。半透明的物体，能够反映背景上的颜色，也能反映前景上的颜色。镜面物体能把其前面的一切，包括灯光、相机、三脚架，甚至摄影师本人的形象都反射到相机里面去。有一种处理办法，即利用特制的柔光罩围在被摄物上。利用半透明的塑料纸能够很容易地做成立体的柔光罩，把聚光灯的光线直接打到塑料柔光罩上，柔光罩里面的被摄物就被散射的柔光照亮。给灯前加上有色醋酸纤维胶膜滤片，还能加强某种颜色的效果，如图2-18所示。

图2-18　增加暖色滤片的效果

给柔光罩贴上适当的黑色卡纸，便能加深被摄物的暗部，有助于刻画它的形状。要保留反光的地方，只需把柔光罩打个洞，让聚光灯的光线直接射入就行了。还有一种处理办法是把整个摄影室的墙壁涂成不反光的白色，这对高调照明十分方便。在不需要高调照明时，用无缝有色纸板做成临时墙壁，白色天花板用来反射柔和的顶光。

透明体给人的感觉是一种通透感，大部分透明体的表面都非常光滑。由于光线能穿透透明体本身，所以拍摄时一般选择逆光、侧逆光等。光的偏硬可以产生玲珑剔透的艺术效果，体现质感。透明体大多是酒、水等液体或者是玻璃制品。

拍摄透明体的重点和难点是体现物体的通透程度。在布光时一般采用透射光照明，常用逆光位，光源可以穿透透明体，在不同的质感上形成不同的亮度。有时为了加强透明体形体造型，并使其与高亮逆光的背景剥离，可以在透明体左侧、右侧和上方加黑色卡纸来勾勒造型线条。图2-19就是用逆光形成明亮的背景、用黑卡纸加以修饰玻璃体的轮廓线，用不同明暗的线条和块面来增强表现玻璃体的造型和质感。当然在使用逆光的时候应该注意，不能使光源出现，一般用柔光纸来遮住光源。

表现黑背景下的透明体，要将被摄物与背景分离，可在两侧采用柔光灯，不但可以将被摄物与背景分离，而且可以使其质感更加丰富。如在顶部加一个灯箱，就能表现出物体的上半部分轮廓，透明体在黑色背景里就会显得格外精致剔透；如果是盛有带色液体的透明体，为使色彩不失去原有的纯度，可以在物体背面放上与物体外形相符的白纸，从而衬托其原有的色彩。如图2-20所示。

图2-19　电饭煲拍摄

图2-20　玻璃杯拍摄

2. 反射体的质感表现

反光体一般指一些表面光滑的金属或者没有花纹的瓷器。其表面非常光滑，犹如一面镜子，对光的反射能力强，所以拍摄反光体一般都是让其出现"黑白分明"的反差视觉效果。

要体现表面的光滑，就不能使一个立体面中出现多个杂乱的光斑或黑斑，一般的处理方法是采用大面积照射的光或利用反光板照明。在很多情况下，反射在反光体上的白色线条是不均匀的，如何在显得真实的前提下保持它的统一协调呢？如图2-21所示，为了使水龙头受光均匀，保证上面没有黑斑，用两层硫酸纸制作的柔光箱罩在水龙头上，并且用大面积柔光光源（八角灯罩的闪光）打在柔光箱的上方，使其色调更加丰富，从而表现出其质感。如果直接裸露闪光灯光源，并且不用柔光箱，那么直射光就会显得硬，而硬光方向性非常强，于是光的

图2-21　水龙头拍摄

形状、大小就会直接反射在水龙头上，形成明显的光斑，也就失去物体的质感。硬光虽然也可以表现反光体本身的特性，但倘若控制得不好容易让反光更杂乱。因此，拍摄反光体时通常选择柔光，因为柔光可以更好地表现出反光体的质感。

拍摄时灯是有光源点的，还需尽量隐藏明显的光源点在反光体上的表现，一般通过加灯罩并在灯罩里加柔光布的方式来隐藏光源点。由于反光体具有反射特性，拍摄时还要注意相机和摄影师的倒影。可以选择一个没有反射到自己的角度取景，或者可以在硫酸纸制作的柔光箱上挖出一个洞，将镜头伸进去拍摄，目的就是将摄影师和相机隐藏起来。

反光体布光最关键的就是反光效果的处理，在实际拍摄中一般使用黑色或白色卡纸来反光，特别是拍摄相对柱状体或球体等立体面不明显的反光体。卡纸如何运用得到位也是一门技术，处理不好会在反光体上形成很多杂乱的斑点，破坏反光体的整体性，也就难言质感了。许多商业摄影师为了表现画面的视觉效果，不仅仅用黑色、白色卡纸，还会运用不同反光率的灰色卡纸来反射，这样既可以把握反光体的特性，又可以控制不同的反光层次，增强作品的美感。

3. 吸光体的质感表现

吸光体包括毛皮、衣服、布料、食品、水果、粗陶、橡胶、亚光塑料等，它们的表面是相对比较光滑的。因此吸光体对光的反射比较稳定，即物体固有色比较稳定统一，而且这些商品通常本身的视觉层次也比较丰富。为了再现吸光体表面的层次质感，布光的灯位要以正面光、前侧光、正侧光为主，而且光比较小，这样能使其层次和色彩表现得更加丰富。

食品是比较典型的吸光体。食品的质感表现总是要和它的色、香、味等各种感觉联系起来，要让人们感受到食品的新鲜、口感、富有营养等，勾起人们的食欲。图2-22就是在被摄物的上方和右侧加了两盏柔光灯，所以画面中所有的食物的质感都表现得非常细腻，而且表面的层次也非常丰富。

图2-22 食物拍摄

三、摄影色彩设计与应用

（一）摄影的影调与色调

影调影响视觉和情感，摄影一般可以分作高调、低调、一般影调、软调、硬调五种影调，也可以处理成不同的色调，拍摄前要掌握各种影调与色调的构成方法。

1. 调子对视觉的影响

摄影中所说的调子，是影调与色调的统称。一幅照片上的阴暗变化，是影调的变化，它是由被摄物接受光线的多少以及其本身的反光率形成的。无论在黑白摄影或彩色摄影中，都有这种影调上的变化。比如，一件红色衣服，如果受到侧光的照射，衣服的受光面与非受光面就形成不同的影调，它们虽然都是红色的，但受光面的影调亮，非受光面的影调暗。这便是彩色画面中影调的变化。色调，是指色彩的变化，比如，照片是红黄的色调还是蓝青的色调，是色彩上的差别。一幅摄影作品，如果它是黑白的，只有影调的变化，而没有色调的变化；倘若它是彩色的，则既有影调的变化，又有色调的变化。

摄影作品，如果从影调方面来说，可以有高调、低调、中间调、软调、硬调这几种表现形式；从色调的构成来说，又包括暖调、冷调、对比、和谐、重彩、淡彩等。这些不同的影调和色调，带给观者不一样的视觉印象和情感。比如，一幅高调的黑白或彩色图片，给观者一种明快清新的感觉；低调的黑白或彩色图片，给观者一种凝重深沉的联想。暖调的彩色人像，往往激起兴奋欢快的情感；冷调的彩色人像，具有一种肃穆恬静的象征……所以，我们在摄影创作时，在艺术技巧上除了要考虑构图、用光，还要注意调子产生的视觉效果。

2. 摄影的影调构成

人们通常把摄影分成高调、低调、中间调几种，其实，大家说的"中间调"，并不是指照片由不深不浅的灰调子组成，只是与高调、低调相对而言，图片上仍然有黑、白、灰一系列不同的影调。

（1）高调

高调的特点是画面的影调构成以亮调子为主，大部分区域亮度大于80%。具体地说，黑白的影调组成应以白、浅灰、中灰影调为主；彩色的影调组成应以白色、明度高的浅色和中等明度的颜色为主。这样才能使被摄物在拍出的图片上整体呈现亮影调，没有明显的阴影，更没有投影，显得洁净、明朗、柔和，给人通透、明亮、清新、开朗的感觉。如图2-23所示，这张图没有冗杂的信息，观者第一眼看到的就是鲜明的主体，在构图方面，并没有把物品摆得方方正正、死板无趣，而是倾斜一点，让观者在视觉上产生一定的延伸感，从而达到"深入人心"的效果。

图2-23　高影调效果

（2）低调

低调的特点和要求正好与高调相反，它的影调构成以暗调为主，黑白的影调组成应以黑、深灰、中灰影调为主；彩色的影调组成以黑色、明度低的深色和中等明度的颜色为主。低调图片，能使被摄物的形象显得深沉、凝重，如图2-24所示。

图2-24　低影调效果

（3）一般影调

一般影调是大家比较常见的图片。它不像高调那样以浅淡的影调为主，也不像低调那样以深重的影调为主，而是在图片上可以包含深的、中等的、浅的各种影调。因此，它的影调构成特点既不倾向于明亮，又不倾向于深暗，而是一般印象；给人们的视觉感受既不偏于轻快，又不偏于凝重。我们在通常情况下拍摄的图片，均属于这种影调。如图 2-25 所示。

（4）柔调

柔调的特点是画面的影调配置比较朦胧，而且多半是用中等明暗的调子（在黑白图片上是灰影调；在彩色图片上是中等明暗的色调）去描绘被摄物的形象，亮调子较少，深暗的调子尽量少用或避免。它给人们的视觉感受是比较轻盈、明快，有一种清淡、愉悦的感受。这种柔调的拍摄技巧是，尽量运用散射的柔和光线，而且光比小，避免画面中出现明显的深色调子。瞄准中间影调的部位测光，并根据它的反射亮度曝光。同时，拍摄过程中常常在相机镜头上加用柔光镜，这样做不仅可以使画面的调子柔化，也能使影调进一步变浅。如图 2-26 所示。

图 2-25 一般影调效果

图 2-26 人像柔调效果

（5）硬调

硬调的特点与柔调相反，它主要是运用明暗两极的影调（比如黑白图片上的黑调子和白调子）构成影像，光比大，而中间调子很少。这种影调处理方法常常用来表现被摄物处在明亮的照明光线之下，或者采用日光拍摄时为了表现一种暑热的感觉。如图 2-27 所示。

3. 摄影的色调设计

摄影作品，除了它的影调可有不同的处理方案，其色调也可由摄影师进行设计，以便使图片上表现出一定的色彩调子，用色彩对于人的情感作用去感染观者。

图 2-27 硬调效果

(1) 暖调设计

在色彩学上,色彩被分为暖色、冷色、中间色。红、橙、黄以及那些以红、橙、黄为主要成分的色彩,称作暖色;蓝、青以及那些主要含有蓝、青成分的色彩,称作冷色;绿和紫称作中间色。由此可知,欲求暖调的色彩设计效果,可以利用红、橙、黄等暖色或者主要含有这些色彩成分的色调,给观者暖色所具有的热情、愉悦等情感联想。如图2-28所示。

图2-28 暖调

(2) 冷调设计

用蓝、青或者主要含有蓝、青成分的色彩构成摄影画面,会得到冷调效果,给人们幽静、闲逸等情感联想。如图2-29所示。

图2-29 冷调

(3) 中间色设计

绿色和紫色是中间色,黑、白、灰在色彩学上称作消色,也叫非彩色、无彩色,它们只有浓度，没有彩度。

（4）对比色设计

色彩的对比形式很多，有冷暖的对比、补色的对比（红与青、绿与品、蓝与黄是互补色）等。凡是有对比特征的色彩共同出现在一幅图片中，必然给观者一种强烈的视觉冲击，留下深刻的印象。

（5）和谐色设计

将一些比较临近的色彩安排在一幅画面中，或者用黑、白、灰这些消色去调和某些色彩，会得到色彩和谐的效果，使观者看上去感到舒展、安详、平静。这也是摄影中常用的一种色调设计方法。

（6）重彩设计

重彩设计是用纯度很高又鲜艳的色彩构成画面，使观者受到强烈的色彩刺激，留下深刻的色彩印象。这种设计方法，适宜用很浓的大块色彩，如此才能收到重彩效果。

（7）淡彩设计

与重彩设计相反，淡彩设计要用浅淡的、明度较高的色彩构成画面，如浅黄色、浅红色、浅蓝色等，给观者一种轻快、淡雅的感受。淡彩画面有些近似高调，但比高调彩色画面的调子略重一点。

（二）色彩选择与应用

1. 色彩的性质及人类对色彩的感觉

根据生理和心理方面的特性，色彩对人们的影响应包括两个方面：一是色彩视觉效果，二是色彩的心理作用。由于色彩的许多特性对人们的心理和生理有其特定的作用，因此，色彩能够刺激人们的视觉感受，影响人们的心理情绪，表达人们的思想和情感。所以，我们要研究色彩的表现力，掌握色彩的规律性，提高色彩在摄影中的艺术表现能力。

（1）色彩的性质

色彩三要素包括色相、明度和饱和度。色相是色彩最基本的特性，是色与色之间的差别，通俗地讲就是红、橙、黄、绿、青、蓝、紫等各种不同的颜色；明度是颜色的明亮程度，在色彩中黄色的明度最高，紫色最低，其他的颜色属于中性；饱和度（纯度）是颜色的纯正程度，受色彩的含量和光照两方面的影响。

（2）人类对色彩的感觉

由于人们生活在色彩的世界，其经验以及生理功能决定着，任何一种色彩都能影响人们的情绪，从而因为视觉和心理感受的效应产生某种感受。了解色彩的感受，对于表现色彩有重要的影响和作用。

①色彩的大小。在同一色彩中，色相的明度高，给人的感觉就显得大；相反，就小。在彩色中，黄色的明度最高，也就显得最大，而紫色的明度最低，也就显得小。另外，色彩浓，显得小；色彩淡，显得大。

②色彩的远近。冷色与暖色对远近感受的影响较大，暖色调显得近，冷色调显得远；明度高的色彩显得近，明度低的色彩显得远。

③色彩的重量。人们观察消色的视觉重量是黑色最重，白色最轻。因为黑与白均处于光谱的两端，而人们观察颜色的视觉重量的顺序由轻至重为黄、绿、蓝、橙、红，其中绿、

蓝、橙给人的重量大体相同，另外，明度高、色性冷的颜色，视觉重量较轻；明度低、色性暖的颜色，视觉重量较重。表面质感粗糙的颜色，视觉重量较重；表面质感光滑的颜色，视觉重量较轻。

④色彩的冷暖。色彩中的色性能影响人们的心理，这是人们在自然、客观的事物中长期接触和积累的生活经验所产生的感觉；例如，红色会与火相联系。因此，红、橙、黄能给人以温暖之感，蓝、绿、青能给人以清凉之感。

⑤色彩的动静。在色彩中暖色系列的光波长，透射作用大，能引起人们的关注，使人产生紧张、兴奋的动态感觉；冷色系列的光波短，透射作用小，不太引起人们的关注，使人产生平和、清凉安宁的静态感觉。

⑥色彩的软硬。当色彩中的阶调层次十分丰富时，其彩色的明度和饱和度的关系就细腻，画面的色彩感觉就柔和；相反，当色彩中的阶调层次明快时，其彩色的明度和饱和度的关系就简洁，画面的色彩感觉就粗犷而强硬。

2. 色彩在摄影构图中的应用

摄影构图除了对画面中各种形式因素的安排、处理，还有另一种非常重要的画面外因，就是色彩。色彩具有极强的直观性，一幅有魅力的画面，最先吸引人注意的往往是色彩效果，然后才可能是线条及其构图，因此色彩是摄影画面外形式中最令人瞩目的因素。"色彩的感觉是一般美感中最大众化的形式。"在彩色图片中，形态通常只构成画面的构图，而较强的情感效果却来自画面的颜色。

（1）色彩的选择

色彩的选择应该处理好主体与陪体以及背景色彩的关系。根据这一点，形成了主体色与陪体色及背景色的映衬对比关系，主次之间有了对比呼应，画面的色彩构图和造型表现才有视觉冲击力和艺术表现力。

主体色和陪体色以及背景色的对比关系可以分为强对比关系和弱对比关系。强对比关系主要指各原色间的对比，或者是互补色之间的对比等。这种对比关系有着强烈的视觉力度和对比效果。互补色是指两种相加后产生白光的色光互为补色，如蓝光加黄光后形成白光，蓝、黄两色即互为补色。蓝和黄的对比，就是一种强对比关系。再如三原色中的红与绿、蓝与绿也是强对比关系。弱对比关系则主要是指色谱上相邻色之间的对比，以及彩色与黑、灰、白的对比等，这种对比关系比较含蓄淡雅，视觉感受不像强对比关系那么强烈。比如，在红、橙、黄、绿、青、蓝、紫的连续色谱上，任何两种邻近的颜色的对比都属于弱对比关系。而黑、白、灰均属消色，与各种彩色的对比都是弱对比关系；不同的是，白色与彩色的对比显得活泼轻盈，黑色与彩色的对比显得庄重凝重，灰则界于黑、白之间。

（2）色彩的布局

色彩的布局是指根据表现的内容、画面层次的主次关系及情绪气氛等需要，把选择的色彩分派以适当的面积，安排在合理的位置上，发挥出特征与性能不同的色彩组合起来后在塑造形象、烘托主体、渲染气氛等方面的作用。

色彩布局的关键就是如何处理整体与局部的关系。一般来说，在画面的整体色彩构图中还必须有重点色彩、基底色彩和过渡色彩，做到整体中包蕴局部、局部里容纳细节。重点色彩即是主体形象的色彩、重要情节的色彩等，是画面色彩的视觉中心。基底色彩是指背景色、环境色等，起到"称底"的作用。过渡色彩则是指重点色彩和基底色彩之间的连接部分，主要由陪体来体现。比如，在一幅远景图中，为表现大草原上的牧羊人，蔚蓝的天空和绿色的草场提供了大块色的基底色彩，暗褐色的蒙古包和雪白的羊群构成了画面中过渡的色彩，画面的主体——牧羊人是色彩构图的重点色彩和视觉的中心。

3. 色彩构图中应注意的问题

色彩缤纷艳丽，但并不是画面中的色彩越多，画面就越美丽。彩色图片要显得和谐与平衡，其颜色必须依据一定的相似对比方式安排，否则色彩容易显得华而不实或过分鲜艳夺目。具有太多颜色的图片应通过使用中性色来减少或使用额外的无色色调，如运用黑和白来对比补偿。就色彩而言，色彩和谐主要指的是相关色和对比色的和谐。色彩和谐主要原则为：

①使用尽可能少的不同颜色；
②当使用几种颜色时，选择色环上临近的相关色；
③选择具有补色的构图；
④高色度应和低色度一同使用，使高明度面比低明度面高出 3 至 4 倍来补偿；
⑤高饱和度的部分应用低饱和度的部分来补偿，大小比例关系保持 1∶3 或 1∶4 是比较恰当的。

单纯从理论上来看，摄影中色彩构图的运用难度一般，关键是如何在实践中和色彩打交道，而不是理论。摄影本身就是一门实践性很强的学科，要想拍摄出好的图片，需要多观察、多实践。

四、摄影构图设计与应用

（一）摄影构图基础

要拍出一张真正的好图片，摄影师还需要具有一定的艺术修养，要讲究摄影的艺术表现技巧。图片只有被拍摄得有艺术表现力和艺术感染力，才能打动观者，给观者留下深刻的印象。摄影的艺术表现力包括很多方面，摄影构图在众多方面中占据着重要的位置。摄影构图，即在拍摄现场针对被摄物，将其有机地安排到相机的取景框中，使画面产生一定的艺术形式，将摄影者对被摄物的认识和感受展现出来。摄影创作的构图并非在影像后期制作阶段才涉及，而是从发现拍摄主题时就开始了，所以一幅作品的构图是由两个阶段组合而成的：第一，在拍摄阶段通过取景器进行创作型的构图；第二，影像后期处理阶段通过剪裁进行完善性的构图。

摄影构图是摄影者运用镜头的成像特性和摄影造型手段构成摄影画面，以揭示主题画面内涵的过程。也可以说摄影构图就是摄影者处理摄影画面中被摄的人与人、人与物、物与物相互之间的空间位置和内涵关系，艺术地构成有机整体，以充分表达摄影作品的主题思想的过程。因此，摄影构图体现了摄影作品画面结构布局具有内容与形式美达到高度统一的性质。

摄影与绘画同属于造型艺术，都讲究构图，但由于它们所使用的工具不同，其构图方法也有所差异。从某种意义上说，绘画使用的是"加法"，摄影使用的是"减法"。不过，二者在有些术语方面却十分相近，如布局、透视、层次、反差、色调等词汇均源于美术，但影调、景深等词则是摄影的专有名词。

（二）常见摄影构图技巧

1. 黄金分割形式

黄金分割形式是线段比例分割的经典范例，是古希腊数学家毕达哥拉斯在进行线段分割中发现的原理。黄金分割是将一条直线分割为长短两段，短线与长线之比等于长线与全线之比，经过计算，它们的比值是 0.618，即 0.618∶1 的分割比例。图 2 – 30 中的 C 点就是黄金分割点，也就是说 C 点在线段 AB 全长的 0.618 处。

图 2 – 30　黄金分割线

这种对线段的分割比例，在当时的古希腊被人们视为像黄金一样宝贵，称之为"黄金分割"，或"黄金比"。如果将 0.618∶1 用整数表示，即是 70∶113，近似于 5∶8。

这种黄金比例在古希腊和欧洲中世纪被公认为具有特殊的美学价值而被广泛运用于各个领域，尤其是建筑师、雕塑家和画家们更是将黄金比广泛运用于艺术创作中，从而创造了许多优秀的作品。

黄金分割运用在摄影的构图上，其形式既体现在安排画幅的外部比例，也体现在组合画面的内部结构上。在安排画幅外部比例时，用黄金比分割后的长短两条线构成的长方形，就是具有视觉美感的黄金长方形，如图 2 – 31 所示。

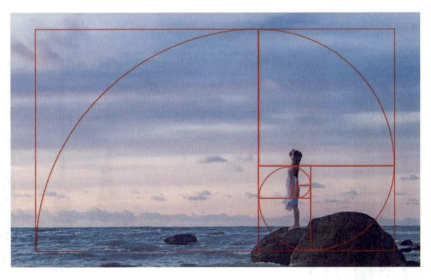

图 2 – 31　黄金分割示意图

2. 横式构图

横式构图能在画面中产生宁静、宽广、博大等象征意义。单一的横线构图要避免横线从中心穿过，在一般情况下，可通过上移或下移躲开中心位置。在适当的情况下也可以在横线上某一点处安排一个形态，使横线断开一段。当遇到多条横线的组合且充满画面时，可在部分线的某一段上安排主体位置,使某些横线产生断线的变异。这种构图方法使得主体突出,富有装饰效果。如图 2-32 和图 2-33 所示。

图 2-32 横式构图示意图

图 2-33 横式构图实物拍摄效果

3. 竖式构图

竖式构图是将商品呈竖向摆放的竖幅构图方式。竖式构图给人的感觉是高耸、坚强、庄严、有力。竖式构图多用来表现有垂直的线条和修长的商品,显示出挺拔和力量。比如服装在模特穿拍时,因人的身体是垂直的,所以最佳构图应该是竖式构图。如图 2-34 和图 3-35 所示。

图 2-34 竖式构图示意图

图 2-35 竖式构图实物拍摄效果

4. 三角形构图

三角形构图是将画面中的主体放在三角形中或元素本身形成三角形的态势。如果是自然形成的三角形结构，可以把主体安排在三角形斜边中心位置上。如图2-36和图2-37所示。

图2-36 三角形构图示意图

图2-37 三角形构图实物拍摄效果

5. 斜线构图

斜线构图（对角线构图）是将商品呈斜向摆放，与画面呈对角线的构图方式。这种构图方式可以使画面产生活力，使物体产生动感，易于突出商品的造型和色彩。如图2-38和图2-39所示。

图2-38 斜线构图示意图

图2-39 斜线构图实物拍摄效果

6. 对称构图

对称构图，是指所拍摄的商品在画面正中垂线两侧或正中水平线上下对等或大致对等。这种构图的画面具有布局平衡、结构规矩，蕴含和谐、稳定等特点，能够营造出和谐的韵律感。对称构图不能机械地单纯对等，必须有"动势"，在对等中有所变化，或者蕴含趣味性、装饰性等，否则就会过于呆板。如图2-40和图2-41所示。

 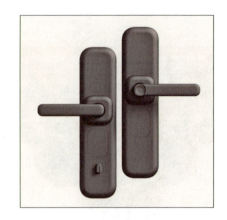

图 2-40 对称构图示意图　　　　　　图 2-41 对称构图实物拍摄效果

7. 井字形构图

井字形构图是适用度非常广的一种构图方法。其不管是横式还是竖式，就是将画面长、宽边各三等分画线形成 4 个交叉点，这 4 个点就是构图时放置商品主体的最佳位置，将要表现的商品主体放置于 4 个交叉点的其中一个点上。这种构图方式操作简单，是最保险的一种构图法，可以保证拍摄画面整体的和谐性。这种构图法可以简化为"三分法"式构图。如图 2-42 和图 2-43 所示。

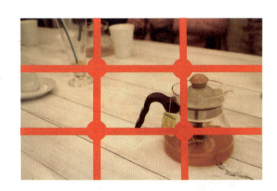 

图 2-42 井字形构图示意图　　　　　　图 2-43 井字形构图实物拍摄效果

8. 留白构图

留白在画面上的作用就如同标点符号在文章中的作用一样，能使画面章法清楚，气脉通畅，还有助于拍摄者传情达意。首先，空白是表现主体的需要，在主体周围或背后留有一定的空白可使主体更加醒目；其次，空白部分较大的图片显得简练而洁净，让人感到心情舒畅，产生丰富的想象。留白构图也为后续的文案编辑提供足够的空间。如图 2-44 和图 2-45 所示。

9. 曲线构图

曲线构图所包含的曲线分为规则曲线和不规则曲线。曲线象征着柔和、浪漫、优雅，会给人一种非常美的感觉。在拍摄中曲线的应用非常广泛，表现手法也是多样的，可以运用对

图 2-44　留白构图示意图　　　　　　图 2-45　留白构图实物拍摄效果

角式曲线构图、S 式曲线构图、横式曲线构图、竖式曲线构图等。另外要注意曲线和其他线综合运用，更能产生突出的效果，但把握的难度要大一些。比如借助线条、丝带类商品，可以将其缠绕引导着观者的视线，让观者的目光流动在画面中，无形中增加了画面停留时间。如图 2-46 和图 2-47 所示。

图 2-46　曲线构图示意图　　　　　　图 2-47　曲线构图实物拍摄效果

10. 中心构图

中心构图就是将主体放在画面的正中间，当主体位于中心部位的时候，人的视线自然而然地都集中在了这个点上。其特点是能充分体现主体本身，即使得主体突出、明确，而且画面容易取得左右平衡的效果。在店铺商品拍摄中，主要用于主图的标准化展示。如图 2-48 和图 2-49 所示。

图 2-48　中心构图示意图

图 2-49　中心构图实物拍摄效果

11. 平衡式构图

平衡式构图目标是维持画面平衡，让主体与衬托物体之间产生或前后或左右或大小或轻重等呼应，从而让画面有平衡感，增加画面的立体感。其一般把主体置于一边，非主体置于另一边，且底线分布不均匀的构图，常会给人以满足感，画面结构对应而平衡。这也是商品拍摄中很常用的一种构图方式，如图 2-50 和图 2-51 所示。

图 2-50　平衡式构图示意图

图 2-51　平衡式构图实物拍摄效果

（三）摄影构图处理的基本法则

艺术形式一旦形成，便会产生特有的规律，形成一系列形式美的法则，如整齐规律、均衡对称等。这些规律具有独特的审美价值，是人们在长期的艺术实践中归纳、提炼出来的。掌握这些基本法则对处理好摄影构图问题，提高摄影创作的质量，加强摄影作品的表现效果同样具有重要意义。

构图处理的基本法则主要涉及摄影创作中构图表现的审美能力。对这些法则的理解和运用，因每个人理解能力的高低而变化差异较大，而且所包含的内容又比较多，有些方面还体现出较强的哲理性，需要在实践中反复学习与探索。以下介绍构图法则中最基本的几个要求。

1. 均衡

构图中的均衡是指事物之间对等、对称、照应、平衡的组合关系。由于人的视觉会回避或排斥不均衡的物体，所以，在摄影构图时"均衡"是一个需要认真探讨的构图法则。

均衡在人们的意识中就意味着对称。对称一定是均衡的，可是均衡不一定是对称的。构图中视觉均衡的方法很多，而且在大多数情况下，摄影创作的构图采用的是非对称均衡。正是这种不完全对称的均衡，使得摄影构图形成了既统一又变化的视觉美感。

摄影构图中视觉均衡的主要形式有：

①画面中物体为同质，并且同等级或同数量，被称为对称均衡或天平均衡。这种形式是一种绝对均衡方式，所以往往给人以整齐、端正的感觉。

②画面中物体为不同质，但同等级或同数量，这种形式依然属于对称均衡，往往给人以整齐中有变化的感觉，使画面显得和谐又生动。画面中物体既不同质又不同等级或同数量，是利用调节支点距离来实现视觉均衡的，所以也称为对比均衡或杆秤式均衡。

2. 对比

构图中所谓的对比是指事物矛盾、对立因素的组合关系。对比在摄影构图画面中的意义至关重要，缺乏对比的图片会显得简单和平淡。摄影创作中的对比涉及从内容到形式的一系列对立统筹。

①在内容方面，有意识地运用对比手段，有助于鲜明地表现事物的特点，显示和突出事物的相互关系与本质特征。

②在形式方面，对比的方式和方法也非常广泛，包括大小对比、疏密对比、远近对比、虚实对比、明暗对比、动静对比、曲直对比、色彩对比、质感对比，等等。在一定条件下，画面通过对比形成一定的差异，将观者的注意力吸引到画面的重点位置，使画面的主体特质更加清晰醒目，更加体现出艺术魅力。图2－52为明暗对比，通过明暗对比方式的运用，画面中简单的拍摄内容显得很有趣味。

图2－52　明暗对比

3. 节奏

构图中所谓的节奏是指画面中同一因素有规律地连续或重复出现所产生的运动感组合。节奏有一种秩序感，能激发和丰富人们的想象力，引起视觉的快感。

节奏有很多种组合形式,如重复形式的节奏、渐变形成的节奏、交替形成的节奏、辐射形式的节奏,等等。这些节奏形式能为平淡的元素增添趣味,激发人们的某种感情反应或情绪美感,从而给人们留下深刻的印象。

4. 韵律

构图中所谓的韵律是指画面中某种元素经过有规律地运动和扩展所产生的流动变化的组合形式。韵律的组合形式流畅舒展,形成延绵有序、跌宕起伏的运动感效应,形成了一种如诗如歌般的抑扬顿挫变化,使观者获得视觉上和心理上的满足,从而获得韵律美感,它是摄影创作中抒发情感的理想手段。如图2-53所示,捕捉了优美线条组合图案的沙漠,突出"优美曲线"的韵律美。摄影创作捕捉和表现韵律美是比较方便的,任何线条都可以作为拍摄素材,但要特别注意这些拍摄素材自身的基本特点及规律,否则就会造成画面凌乱,反而失去美感。

图2-53 沙漠的韵律

5. 统一

统一是摄影创作成败的重要因素,无论创作的画面里有多少内容、多少色彩,采用多少技术手段与方法,画面最终必须是一个统一、和谐的整体。统一的要求是全面的,不单单体现在构图中,涉及摄影创作的方方面面,如表现内容、表现形式、表现方法等。统一的要求是复杂的,因为摄影创作各种因素之间是互相联系、互相影响的,任何变化都会打破既有的和谐,所谓牵一发而动全身,往往会因为画面中某一方面的因素,有时甚至是一些细节的调整,改变以往建立起来的统一,所以需谨慎对待。

在摄影创作的构图中,首先需要考虑的是内容与形式的统一。内容总要通过相应的形式来传达,内容只有同形式和谐配合才能够看清,才能准确表达出真正的内涵。

其次是内容、形式与技术的统一。好的内容与形式还需要好的技术手段来表达,技术就是因表达而存在和发展的,而技术与内容、形式如果没有很好的默契与统一,技术就会变成故弄玄虚,从而失去内容与形式的意义。如图2-54所示,这张照片就是内容、形式与技术统一的杰作。作者选用了慢速拍摄技术，上下拖动背景影像，加上垂直的线性结构，把现代体育追求更高、更快、更强的主题充分体现出来。

图 2-54　内容、形式与技术统一

当然，统一也可以是某一个因素的统一，如统一的拍摄素材、统一的色调等。画面中某一个因素的统一有时也会起到很好的协调作用，获得良好的画面效果。所以说，在摄影创作中时刻都要注意各种创作因素的联系，这样才能够彰显、缔造组合的力量，形成一个有机统一的整体，把摄影的主题思想、艺术情趣和表现魅力完整而充分地展示出来。

第三章

图片处理

一、专业的图片处理软件——Photoshop

商品图片的后期处理一般使用 Photoshop 进行编辑。Photoshop 提供了非常全面的图像编辑功能，用户可以利用它完成更高品质的商品图片的处理。与其他图片处理软件相比，Photoshop 不仅可以对图像进行简单的调色、锐化，还可以通过抠取图像制作出非常有创意的画面效果。

（一）了解 Photoshop 的界面构成

在初步了解 Photoshop 处理图片的流程后，需要进一步了解 Photoshop 的界面构成。安装 Photoshop 后，执行"开始 > Adobe Photoshop"菜单命令，或者双击桌面上的"Adobe Photoshop"图标，即可运行 Photoshop 软件。这时，你可以清楚地看到 Photoshop 的整体界面构成，如图 3 – 1 所示。

（二）Photoshop 图片处理的基本流程

完成数码图片的拍摄之后，为了得到更满意的画面效果，需要对拍摄的图片进行适当的后期处理。在学习具体如何使用 Photoshop 处理商品图片之前，首先需要对 Photoshop 处理图片的基本流程有一个大致的了解，这样才能在处理图片时事半功倍。

1. 打开并修复构图

构图是一张图片的灵魂，因此，在打开图片第一时间需要观察图片的构图是否合理，如果图片构图不合理，可以选用裁剪类工具对图片进行裁剪，调整画面构图进行二次构图，如图 3 – 2 所示，让主体对象更突出。

2. 去除瑕疵修复细节

在拍摄的商品图片中，有时难免会出现污点、杂物等一些瑕疵问题，在后期处理时，需要利用 Photoshop 中的污点修复工具对照片中较明显的污点进行修复，如图 3 – 3 所示，还原干净的画面。

菜单栏：
提供了 10 个菜单命令，几乎涵盖了 Photoshop 中能使用到的菜单命令

选项栏：
用于控制工具属性值，选项中的内容会根据选择不同的工具而发生变化

面板：
主要用于设置和修改图像，Photoshop 中将一些功能相似的选项设置集合到面板中，选择不同的面板对图像进行编辑，可提高工作效率

工具栏：
把 Photoshop 的功能以图标的方式聚在一起，从工具箱中单击即可选择用于编辑图像的工具

状态栏：
显示当前图像的文件大小和当前图像的显示比例

图像编辑窗口：
用于对图像进行绘制、编辑等操作，在 Photoshop 中所有图像的操作效果都会在此显示

图 3-1　Photoshop 软件的界面构成

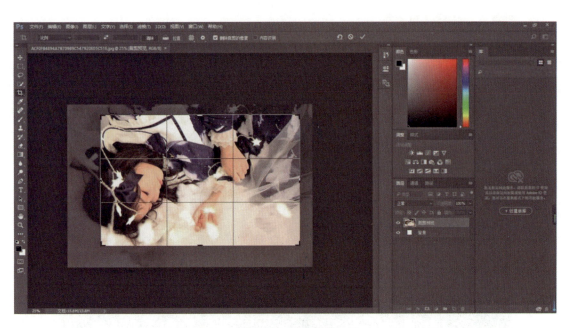

图 3-2　二次构图

图 3-3 污点修复

3. 调整光影还原正常影调

完成了对图片中的瑕疵修复后,接下来需要对图片的曝光和对比度进行调整。Photoshop 提供了多个用于调整画面明暗的命令,利用这些命令可以修复图片的明暗等问题,并且可以增强对比,让画面中的商品更有质感。

4. 调整色彩让商品更出色

色彩在商品的表现上起到重要的作用,在商品图片后期处理过程中,可以根据商品最终的表现需求,利用 Photoshop 中的色彩命令,对画面的色彩进行调整,如图 3-4 所示,使观者注意力都被吸引到商品上来。

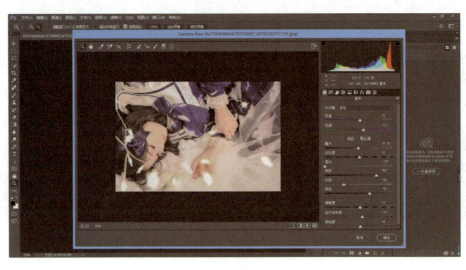

图 3-4 调整光影和色彩

5. 图片的抠取与特效应用

在完成图片的影调和色彩调整后,为了获得更精彩的画面效果,可以通过抠图、合成和滤镜相结合的方式,对商品图像进行一些创意性的特效设计,表现出商品更加多元化的一面,带给人全新的视觉感受,如图3-5所示。

图3-5　细节修复特效添加

6. 将处理的图片存储并输出或打印

完成图片处理后,最后一步即对图片进行存储操作。将编辑后的结果保存下来,通过"文件"菜单中的命令可将图片存储、输出或打印出来,如图3-6所示。

图3-6　存储、输出或打印

（三）认识 Photoshop 在商品图片处理中的重要功能

Photoshop 中的一些与商品图片后期处理相关的功能和技巧需要我们学习，其中最为常用的功能主要有图层、选区、蒙版、调整等，只有对这些功能有一定的了解和掌握，才能在后期处理图片时提高工作效率。

1. 图层

Photoshop 中对所有图片的处理操作都离不开图层。图层是编辑图像的基础，也是处理图像的信息平台，承载了几乎所有的编辑操作。使用图层可以在不影响其他图层内容的基础上处理其中一个图层中的内容，即把图层想象成一张叠起来的透明胶片，每一张透明胶片上都有着不同的图像。通过改变这些图层的排列顺序和属性，控制图片最后呈现出的效果。

Photoshop 中的图层一般分为背景图层、普通图层、文字图层和调整图层四类，如图 3-7 所示。这四种类型的图层，都可以通过"图层"面板中的缩览图加以区别。

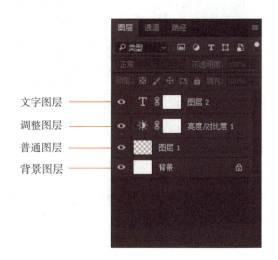

图 3-7　图层

① 背景图层：默认为锁定状态，是一种用于图像背景的不透明图层，不能调整"不透明度"和"图层混合模式"的编辑操作。

② 普通图层：指用一般方法创建的图层，是商品图片处理时最常用的图层。

③ 文字图层：用文字工具建立的图层。只要使用文字工具在图像中输入文字，就会创建对应的文字图层。

④ 调整图层：一种比较特殊的图层，主要用来控制图像的色调和影调。可以通过调整图层处理图片色彩，但不会改变原图像的效果。

2. 选区

选区是商品图片后期处理时经常会使用的功能之一。应用选区功能，可以将图片中的一部分图像选取出来，这一功能在商品图片抠取中被经常用到。Photoshop 中提供了很多用于创建规则和不规则选区的工具，使用这些工具可以在图片中以单击或拖曳的方式选中画面中的部分图像，从而实现图片的局部调整。

选区的创建分为规则选区的创建和不规则选区的创建。规则选区的创建可以使用选框工具来完成，Photoshop 中的选框工具隐藏在"矩形选框工具"下，单击"矩形选框工具"按钮并按下鼠标不放，在弹出的隐藏工具中会显示出"矩形选框工具""椭圆选框工具""单行选框工具"和"单列选框工具"，如图 3-8 所示。使用四个选框工具在打开的图片中单击并拖曳，可以创建规则选区。

图 3-8　选框工具

Photoshop 中除了创建规则选区，在大部分操作中都会遇到不规则选区的创建。要创建不规则选区，可以选用"套索工具""快速选择工具"或"魔棒工具"。其中"套索工具"通过单击并拖曳的方式创建选区，选取图像，"快速选择工具"和"魔棒工具"则只需要在画面中单击就可以创建不规则选区，如图 3-9 所示。

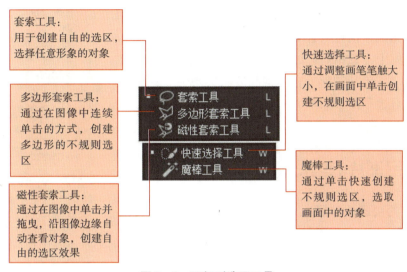

图 3-9　不规则选区工具

3. 蒙版

蒙版是一种灰度图像，具有透明的特性，利用蒙版可以控制图层的显示区域。对商品照片进行后期处理时，经常会应用到蒙版功能，如用调整图层编辑色彩，用蒙版拼合图像，等等。

Photoshop 中的蒙版分别为"图层面板""剪贴蒙版""快速蒙版"和"矢量蒙版"四种，如图 3-10 所示。这四种蒙版都有着各自不同的作用。在图像中创建蒙版后，通过"图层"面板中的缩览图可以区分创建蒙版的类型，单击蒙版并利用工具或菜单命令可以编辑创建的蒙版。

4. 调整

调整也是商品图片后期处理过程中经常会使用到的重要功能之一。通过进行明暗、色彩的调整，色彩平淡的图片会重新变得熠熠生辉，商品的形象会更为突出，对商品推广起到积极作用。

图 3-10　蒙版功能

Photoshop 中的"调整"菜单中提供了多个不同的调整命令，执行"图像＞调整"菜单命令，会打开对相应的子菜单，在该菜单中显示了不同的调整命令，如图 3－11 所示。执行其中一个菜单命令后，大多数情况下都会弹出对相应的参数设置对话框，通过在对话框中设置选项，实现照片明暗、色调的调整操作，让商品图像的影调更为出色。

打开素材图像，执行"图像＞调整＞色阶"菜单命令，在打开的对话框中设置相对应的参数，调整图像，提高画面亮度，再执行"图像＞调整＞自然饱和度"菜单命令，调整选项，增强色彩饱和度，如图 3－12 所示。

二、商品图片的自动调整

商品图片的快速调整可以使用 Photoshop 中的自动调整命令进行操作。Photoshop 中的"图像"菜单中包含"自动色调""自动对比度"和"自动颜色"三个自动调整图像的命令，使用这三个命令可以让 Photoshop 根据图片的色调、对比度等信息，对图片进行自动调整，让画面效果更理想。

图 3－11　调整功能

图 3－12　自然饱和度的调整

（一）使用自动色调命令还原商品色调

自动色调命令可以理解为自动色阶，它是将红色、绿色和蓝色三个通道的色阶分布扩展至全色阶范围。此命令可以增加图像色彩的对比度，但有可能会造成图像偏色。

打开一张毛绒玩具图片，从原图像上可以看到图片略微偏黄，执行"图像＞自动色调"菜单命令后可以看到图片的色彩和明暗都发生了一定的变化，如图 3－13 所示，原图像中的黄色削弱，画面中的商品显得更加突出。

图 3-13　自动色调

（二）使用自动颜色命令纠正偏色的图像

自动颜色命令可以校正图片中的偏色现象，通过搜索图像来标示阴影、中间隔和高光，从而调整图像的对比度和颜色。自动颜色命令可以自动调整图片中最亮的颜色和最暗的颜色，并将图片中的白色提高到最高值 255，黑色降低至最低值 0，同时将其他颜色重新分配，避免照片偏色。

打开一幅偏色的毛绒玩具图像，执行"图像>自动颜色"菜单命令，如图 3-14 所示。执行该命令后，可以看到图片的色彩发生了变化，图像恢复为较正常的色调效果。

图 3-14　自动颜色

（三）使用自动对比度命令让商品更有层次感

使用自动对比度命令可以自动调整图像对比度。此命令不会单独调整通道，它会剪切图像中的阴影和高光值，再将图像中剩余部分的最亮或最暗像素映射到纯白（色阶为 255）和纯黑（色阶为 0）上，使图像中的高光部分变得更亮，而阴影部分变得更暗。在"自动对比度"命令不能默认的情况下，调整图像中的最亮或最暗像素，自动对比度命令将剪切白色和黑色像素的 0.5%，即忽略两个极端像素值前 0.5% 的像素。

打开一幅毛绒玩具图像，执行"图像>自动对比度"菜单命令，如图 3-15 所示，可以看到图像的明暗对比发生了变化，图片显得更有层次。

图 3-15 自动对比度

三、商品图片的二次构图

摄影过程中将环境与被摄物进行重新安排和塑造，通过合理的构图可以将商品更好地表现出来，吸引观者的视线，呈现出更多的艺术效果。前期拍摄的商品图片，如果构图不满意，则可以在后期处理时，选择不同的裁剪方式对其进行恰当的裁剪，实现图片的二次构图，塑造商品的更佳效果。

（一）使用裁剪工具获得更理想的构图

当画面中构图效果不理想时，画面容易凌乱，主体不突出，此时，需要通过重新构图使画面中的主体更加突出，由此获得构图完美的画面效果。在 Photoshop 中，利用"裁剪工具"可以快速对图片的构图进行调整，裁剪掉多余的图像，达到对图片的构图进行重新定义的目的。

在工具箱里选择"裁剪工具"后，对应的工具选项栏将会显示，在选项栏中调整裁剪的图像大小、裁剪比例及参考线，满足不同的后期创作需求。

打开一张商品图片，选择工具箱中的"裁剪工具"，在图像窗口中可以看到沿图片边缘自动添加了一个裁剪框，如图 3-16 所示，使用鼠标单击并拖曳裁剪框的边线，调整裁剪框的大小，将画面要表现的商品放置在裁剪框的中心，完成裁剪框的调整后，按下"Enter键"确认裁剪，将边缘外无用的背景去除，可以更清楚地看到商品的细节部分。

当使用裁剪工具在图片中绘制裁剪框以后，如果要对裁剪框进行调整，可将光标放置在裁剪框的边线位置，当光标变为双向箭头时，单击并拖曳鼠标，可对裁剪框的大小进行调整。如果需要对裁剪框的位置进行调整，则把光标放于裁剪框内，当光标呈现出实心的黑色箭头时，如图 3-17 所示，单击并拖曳即可移动裁剪框的位置；如果要对裁剪框进行旋转，则可以将鼠标移至裁剪框的转角位置，当光标变为弯曲的双向箭头时，单击并拖曳鼠标即可对裁剪框进行任意角度的选择；如果要对裁剪框的中心点位置进行调整，则把鼠标移至裁剪框的中心位置，当光标变为形状时，单击并拖曳鼠标即可重新定义裁剪框的中心点。

图3-16 裁剪工具

图3-17 裁剪工具的光标

（二）选用预设裁剪值快速裁剪图片

在运用裁剪工具对图片进行重新构图的过程中，除了手动绘制裁剪框裁剪图像，也可以选用 Photoshop 中预设裁剪参数快速地对图片进行裁剪，从而获得更加理想的构图效果。单击"裁剪工具"选项栏中"比例"选项右侧的下拉按钮，即可展开相应的下拉列表。在该列表中单击选择要裁剪的比例或者像素大小，在图像窗口中就会根据选择的选项，在照片中创建一个对应比例或像素的裁剪框，如图3-18所示。

在"比例"下拉列表中选择"1:1"选项，在图像中创建一个比例为1:1的等比例裁剪框

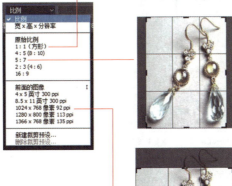

在"比例"下拉列表中选择"5:7"选项，在图像中创建一个比例为5:7的纵向裁剪框

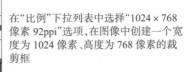

在"比例"下拉列表中选择"1024×768像素 92ppi"选项，在图像中创建一个宽度为1024像素、高度为768像素的裁剪框

图3-18 快速裁剪

四、商品图片批处理的应用

如果我们要对一大批拍摄的商品图片进行相同的处理，如调整图像大小、更改图片的格式等，使用前面介绍的应用动作就会显得有些烦琐，属于重复劳动，在这个时候最好的选择就是应用 Photoshop 中的图像自动化编辑命令进行调整。Photoshop 提供了快捷批处理、批处理、图像处理器等多个批处理命令。应用自动批处理命令，可以帮助我们完成大量的、重复性操作。

快捷批处理是一个能够快速完成批处理的应用程序，它可以简化批处理操作的过程，完成大量图片的快速调整。快捷批处理可以应用于一幅或多幅画像，用户可以将快捷批处理图标拖曳至指定的文件夹或磁盘中的任何便于应用的位置。使用快捷批处理前，需要先在"动作"面板中创建所需的动作，然后再对其执行快捷批处理。

在创建快捷批处理时，执行"文件 > 自动 > 创建快捷批处理"菜单命令，如图 3-19 所示，打开"创建快捷批处理"对话框，如图 3-20 所示，在"创建快捷批处理"对话框中选择要处理的文件以及应用批处理的动作，创建出一个批处理文件的快捷方式图标。

图 3-19 打开对话框

图 3-20　创建快捷图标

在创建快捷批处理的过程中需要先设置好批处理快捷方式存储的位置，然后运用"播放"选项组选择快捷批处理中要应用的动作组，并在该动作组中选择要使用的动作，最后对应用动作素材文件进行选择，完成后单击"确定"按钮，即可完成快捷批处理的创建。

如图 3-21 所示，单击"选择"按钮，打开"另存为"对话框，设置好存储位置后，在"播放"动作中选择动作，如图 3-22 所示，单击"目标"选项组中的"选择"按钮，设置应用快捷批处理的图像存储位置，再对批处理后文件存储名称进行设置，如图 3-23 所示，此时单击"确定"按钮，就可创建一个快捷批处理图标，如图 3-24 所示。

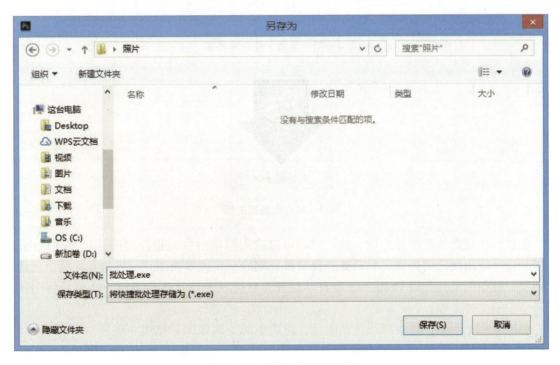

图 3-21　"另存为"对话框

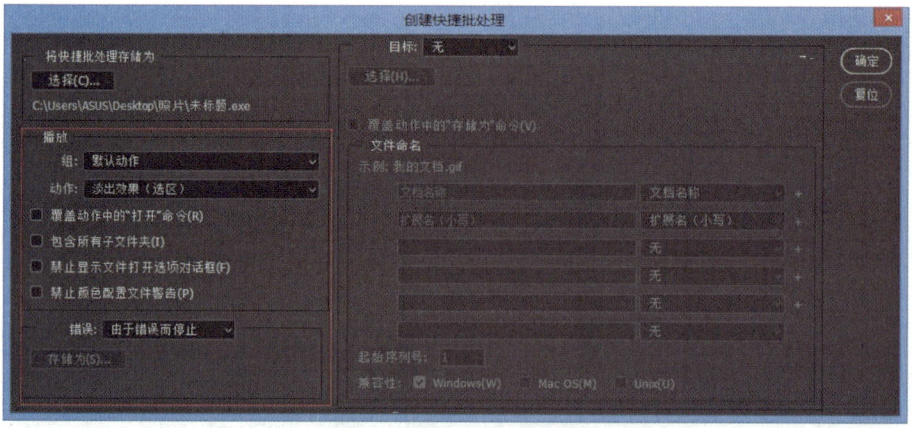

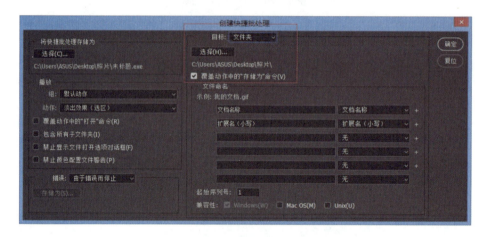

图 3-22 选择播放动作

图 3-23 设置文件存储名称

图 3-24 批处理图标

创建好快捷批处理图标之后,接下来就可以应用创建的快捷批处理图标批量处理图片。对图片进行应用快捷批处理,只需要选择要批处理的一张或多张图片,再将其拖曳至创建的快捷批处理图标上,此时 Photoshop 会自动打开并对选择的图片进行调整,调整后将图像存储于指定的文件夹中。

如图 3-25 所示,选中两张饰品图片,将选中的这两张图片拖曳至创建的"饰品调色"快捷批处理图标上。Photoshop 自动将这两张图片打开,并根据选择的动作对图片进行批量调整,调整后将图像存储至已设置的文件夹中。

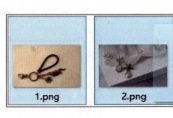

图 3 - 25　批量调整

五、常用抠图技法

在商品图片的后期处理中，抠图是经常会遇到的情况。抠图通常是将要表现的商品从原背景图中抠取出来，去除零乱的背景图像，让画面更简洁。应用 Photoshop 中强大的图像选区工具，可以快速从画面中选择需要的内容。本部分根据不同的商品特点，介绍如何选用最适合的工具快速地抠取到满意的图像。

（一）规则形状的商品抠取

如果需要抠取几何规则形状的商品，可以在 Photoshop 中选用最基本的规则图像选择工具进行抠取。

1. 使用矩形选框工具快速抠取方形图像

很多商品都设计了非常精美的包装，这样不仅使商品更有卖点，也能展示企业的风格形象。在后期处理时，对于像包装盒等较规则的矩形或正方形图像的抠取，一般选用"矩形选框工具"将其从背景中抠取出来。"矩形选框工具"是 Photoshop 中最为基础的抠图工具，如图 3 - 26 所示，它通过创建矩形选区的方式选取画面中要抠取的主体商品。

图 3 - 26　矩形选框工具

打开一张素材图片后，单击工具栏中的"矩形选框工具"按钮，将鼠标放置在画面上。当鼠标指示针显示为"+"时，单击并沿对象线方向拖曳鼠标，释放鼠标后完成选区的绘制，如图 3 - 27 所示。

绘制选区后，若要将选区内的图像抠出，只需要在图层面板中选中商品所在的图层，按下快捷键"Ctrl + J"就可以抠取图像，如图 3 - 28 所示，此时隐藏原图层，就可以查看到抠取的图像效果，如图 3 - 29 所示。

当在一个画面中需要同时选择多个规则对象时，就需要利用工具选项栏中提供的选区方式按钮进行选区的添加与删除。工具选项栏有四个选区方式按钮可以进行选区的添加与删除，这四个选区方式按钮从左至右分别是"新选区""添加到选区""从选区减去""与选区交叉"，如图 3 - 30 所示，单击不同的按钮后，在图像中进行绘制就可以创建出不同的选区效果。

打开唇彩素材图片，单击"新选区"按钮，在图像上单击并拖曳，创建选区，如图 3 - 31 所示。

图 3-27　绘制矩形选框选区

图 3-28　抠取图像

图 3-29　抠好的图像效果

图 3-30　四个选区按钮

图 3-31　创建选区

单击"添加到选区"按钮,在中间一支唇彩的位置上单击并拖曳鼠标,将中间那支唇彩添加至选区,如图 3-32 所示。

单击"从选区减去"按钮,在两支唇彩的上半部分单击并拖曳鼠标,将上半部分图像从选区中减去,如图 3-33 所示。

图 3-32　添加至选区　　　　　　　图 3-33　从选区中减去

单击"与选区交叉"按钮,在两支唇彩的中间部分单击并拖曳鼠标,将中间部分图像从选区中减去,保留两个选区交叉的部分,如图 3-34 所示。

图 3-34　保留交叉的部分

使用"矩形选框工具"抠取图像时,可以利用"矩形选框工具"选项栏中的"羽化"选项,对选区中的图像进行羽化处理,让选取出来的对象边缘更加柔和。这样做,即使选择新的背景来替换原背景时,抠取的图像也能与新背景自然地融合到一起。在工具选项栏中用户设置的"羽化"值越大,得到的选区就越柔和。

如图 3-35 所示,在选项栏中设置"羽化"值为 0,在图像中绘制选区,并抠取选区中的图像,显示较整齐的图像效果。设置"羽化"值为 15,在图像中绘制选区,抠取选区图像,得到边缘柔和的

图 3-35　羽化选项

图像，如图3-36所示。

图3-36 羽化前和羽化后

当选择的对象不是标准的方形时，在创建选区后，需要对选区进行调整。在 Photoshop 中设置一个"变换选区"命令，用于对创建的选区进行旋转、缩放及变形等操作，同时，在调整选区时，选区内的图像也不会受到影响，这样就可以更加方便地让用户从原图中将商品更准确地抠取出来。

执行"选择>变换选区"菜单命令，如图3-37所示，显示定界框。用鼠标右键单击定界框，在弹出菜单中执行"变形"命令，如图3-38所示，再对选区进行调整，经过调整后可以看到绘制的选区与唇彩边缘重合在一起。

图3-37 变换选区选项　　　　　图3-38 变形选项

2. 使用椭圆选框工具快速抠取圆形图像

椭圆选框工具可以在图像中创建椭圆形或圆形的选区，因此它适合于足球、乒乓球、盘子等圆形商品的抠取。"椭圆选框工具"的使用方法与"矩形选框工具"的使用方法相同，只需要控制住工具箱中"椭圆选框工具"按钮不放，在弹出的隐藏工具中选择"椭圆选框工具"，如图3-39所示，然后在图像中单击并拖曳，就可以创建选区效果。

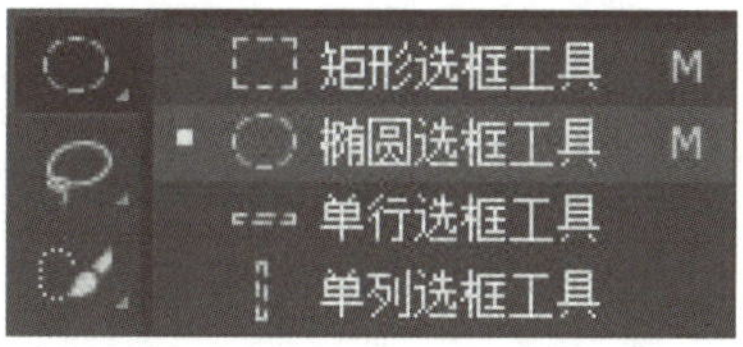

图3-39 椭圆选框工具

如图3-40所示，打开一张商品图片，选择"椭圆选框工具"，单击画面中的包包并拖曳鼠标，当出现的虚线框框选住整个包包时，释放鼠标，创建选区。

图3-40 创建圆形选区

选取需要的包包后，按下快捷键"Ctrl+J"，复制选区内的图像，如图3-41所示，此时在图像窗口中会显示抠取的效果，如图3-42所示。

图3-41 拷贝抠取的图层

图3-42 抠取的效果

使用椭圆选框工具不但可以抠出椭圆形图像，也可以抠取圆形图像。在"椭圆选框工具"选项栏中单击"样式"下拉按钮,在展开的下拉列表中显示了正常、固定比例和固定大小三种样式。如果需要抠取圆形的图像,可以选择固定比例或固定大小选项,如图3-43所示,然后在右侧的宽度和高度数值框中输入相应的参数就可以在画面中绘制出圆形的选区,从而抠取圆形的商品图像。

图3-43 比例和大小选项

打开一张图片,在"椭圆选框工具"选项栏中选择"固定比例"样式,设置宽度和高度比为1∶1,沿圆圈拖曳鼠标,绘制出圆形选区,抠取图像,如图3-44所示。

图3-44 抠取圆形图像

3. 使用多边形套索工具快速抠取不规则图像

当需要抠取的图像不是标准的矩形和圆形时,使用矩形选框工具和椭圆形选框工具选取图像就会非常麻烦,需要先创建出选区,再对选区进行调整,这就增加了后期处理的工作量。Photoshop中有一个工具——多边形套索工具,专门用于多边形图像的选区,如图3-45所示。

图3-45 多边形套索工具

多边形套索工具适用于在图像或某个图层中创建由直线构成的多边形选区,适合商品边缘为直线的对象。选择多边形套索工具后,只需要在对象边缘的各个拐角处单击即可创建选区。

打开图片,在工具箱中单击"多边形套索工具"按钮,使用鼠标在需要选取的图像上连续单击,绘制出一个多边形,双击鼠标,即可自动闭合多边形路径并获得选区,如图3-46所示。将要选取的图像添加到选区以后,如果需要将选区内的图像抠取出来,就需要将选区内的图像复制到一个单独的图层中,如图3-47所示。

图3-46　多边形套索选区

图3-47　复制到单独的图层

复制选区内的图像，按下快捷键"Ctrl + Enter"，将选区里的图像抠取出来，如图3-48所示。

图3-48　抠取图像

（二）根据色彩选取商品对象

在对图片进行明暗和色彩调整的过程中，有时会需要选择一些颜色相近的像素，这时一般应用魔棒工具和快速选择工具。Photoshop 中应用快速选择工具、魔棒工具和色彩范围三个命令可以基于色调之间的差异建立选区，当商品图片中主体商品与背景色之间的色调差异比较明显时，可以使用这些工具。

1. 使用快速选择工具抠取图像

快速选择工具主要通过鼠标单击在需要的区域迅速创建出选区，它以画笔的形式出现。

在选择图像时，通过调整画笔的笔触大小来控制选择范围大小，画笔直径越大，所选择的图像范围就越大。在商品图片的抠取应用中，经常会使用到快速选择工具，在抠取的过程中，根据要抠取对象的范围，不断调整画笔笔触的大小，达到更快、更准确地进行图片抠取。

在 Photoshop 中，选区以多种不同的面貌呈现，在画面中会显示为闪烁的虚线，在通道中则会显示为一张黑白图像。当选区以不同的面貌呈现时，我们可以更好地观察对象范围及抠出的对象效果。当运用选区工具创建选区以后，可以通过"调整边缘"功能，选择以不同的视图模式查看选取的对象，同时还能对选区的边缘做更加智能化的调整。单击"工具"选项栏中的"调整边缘"按钮，即会打开"调整边缘"对话框，不但可选择以不同的视图方式查看选取的对象，还可以对选取对象的边缘的平滑度、羽化程度以及对比度进行调整，使抠出来的图像边缘更加细化，把不需要的对象去除，如图 3-49 所示。

图 3-49 "工具"选项栏

2. 使用魔棒工具选择商品对象

魔棒工具用于选择图像中像素颜色相似的不规则区域，它主要通过色调、饱和度和亮度信息来决定选取的图像范围。选择魔棒工具后，利用选项栏中的设置调整对象的选取方式和选择范围等。魔棒工具选取图像，主要由容差值的大小来确定选择的范围宽度，设置的容差值越大，选择的图像就越大；容差值越小，选择的图像范围就越少。

打开一张唇膏的图片，单击工具箱中的"魔棒工具"按钮，如图3-50所示。在选项栏中设置"容差"为32，如图3-51所示。将鼠标移至需要抠取商品后方的背景位置，单击鼠标就会在图像中创建出选区效果。

图3-50 魔棒工具

图3-51 设置容差

使用魔棒工具选取图像时，需要结合魔棒工具选项栏中的"添加到选区"按钮和"从选区减去"按钮对创建的选区进行调整，这样才能将需要保留或删除的图像完整地选取出来。

如图3-52所示，单击"添加到选区"按钮，在黑色的背景部分连续单击，创建选区，并将选区内的图像删除，可以看到抠取的图片效果。

图3-52 抠取完成效果

3. 使用磁性套索工具抠取轮廓清晰的图像

为了让拍摄出来的商品更为醒目，摄影师在拍摄的过程中，往往会选择在与商品色彩反差较大的环境下拍摄，从而更好地突显画面中的商品对象。磁性套索工具适用于快速选择边缘与背景反差加大且边缘复杂的对象，图像反差越大，选择的对象就越精确。选择磁性套索工具后，在选项栏中可以对各参数进行设置，以便于快速地抠取需要的图像。

打开一张图片，在工具箱中单击"磁性套索工具"按钮，然后在选项栏设置"宽度"为10像素，"对比度"为10%，"频率"为57，如图3-53所示。沿主体物的边缘拖曳鼠标，会自动创建带锚点的路径，当光标的终点与起点重合时单击鼠标，会自动创建出闭合的选区，如图3-54所示。单击"从选区减去"按钮，在图片的背景位置单击鼠标并拖曳，减去新的选区，选择整个图案，再将图案边上的背景删除，可以看到运用磁性套索工具抠取的图像，如图 3－55 所示。

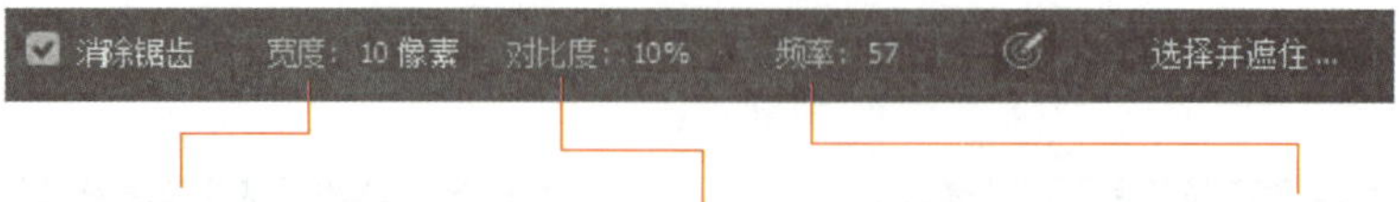

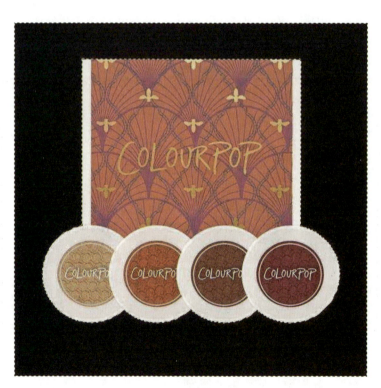

消除锯齿
宽度：10 像素
对比度：10%
频率：57
选择并遮住...
“宽度”选项主要用于设置检测的范围，系统会以当前光标所在的点为标准，在设置的范围内查找反差最大的边缘，设置的值越小，创建的选区就越精准
“对比度”选项用于设置边界的灵敏度，设置的值越高，要求边缘与周围边缘的反差越大
“频率”选项用于设置生成锚点的密度，设置的值越大，在图像中生成的锚点就越多，选取的图像就越精准

图 3－53　设置选项栏参数

COLOURPOP

图 3－54　闭合选区

影响磁性套索工具性能的选项主要有“宽度”“对比度”和“频率”，如图 3－56 所示。其中宽度选项是指磁性套索工具的检测宽度，它以 px（像素）为单位，范围为 1～256px，如图 3－57 所示。宽度选项决定了以光标中心为基准，其周围有多少个像素能够被该工具检测到。如果要抠取的对象边界清晰，则可以设定较大一些的参数值，以加快检测速度；反之，如果要抠取的对象边界比较模糊，则需要设置一个较小的参数值，以便软件能够准确地识别边界。

在磁性套索工具选项栏中，对比度选项决定了对象与背景之间的对比度为多少时才能被工具检测到，其取值范围为 1%～100%，如图 3－58 所示。较高的数值只能检测到与背景

图 3-55　抠取的图像

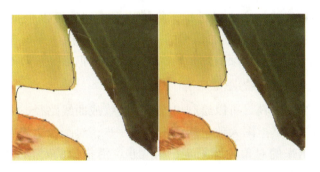

图 3-56　频率参数

图 3-57　宽度分别为 10 像素和 100 像素时绘制的轮廓

对比度较鲜明的边缘，较低的参数值则可以检测到对比度不是特别明显的边缘。当要抠取的对象边缘比较清晰时，则使用更大的宽度和更高的对比度，粗略地跟踪快速选取图像；而当对象边缘较柔和时，则可以尝试较小的宽度和较低的对比度，便于更加精准地跟踪抠取对象边缘。

　　在磁性套索工具选项栏中，频率选项决定了以什么样的频率设置锚点，其取值范围为 0~100。设置的数值越高，锚点的设置速度也就越快，画面中的锚点数量也就越多，所选择的图像就越精准。

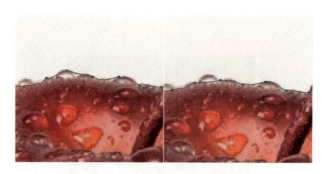

图 3-58 对比度分别为 10% 和 80% 时绘制的轮廓

图 3-59 分别展示了频率为 20 和 90 时，沿对象边缘拖曳鼠标绘制出的轮廓效果。

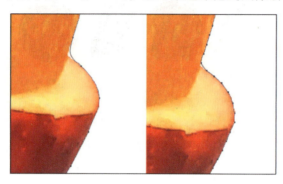

图 3-59 频率分别为 20 和 90 时绘制的轮廓

（三）精细的图像抠取

抠图是图片后期处理的一个必经过程，除了前面提到的可以根据颜色来选择抠取图像外，Photoshop 软件还提供了许多更加精细的抠图技法，包括"钢笔工具"和"通道"等。钢笔工具可以更加快速地抠取精细的商品轮廓，通道还能抠取一些具有半透明效果的对象。

1. 使用钢笔工具创建精细的图像轮廓

钢笔工具是矢量绘图工具，可以绘制出流畅的直线或曲线路径，并且可以随时对这些路径进行修改。使用钢笔工具抠图大致包括两步：第一步，对图像边界布置锚点，把这些锚点连接成路径，将要抠出来的对象轮廓划定；第二步，沿描绘的对象轮廓，将路径转换为选区，将选取中的对象抠取出来。

钢笔工具适合于边缘光滑、边界清晰的对象的抠取，如汽车、电器等，当需要抠取的对象与背景间没有足够的颜色差异时，采用其他工具和方法不能将对象准确抠取时，用钢笔工具通常能得到不错的效果。

打开一张柠檬图片，选择工具箱中的"钢笔工具"，然后将鼠标移至要选择的柠檬上，单击鼠标添加路径锚点，如图 3-60 所示，在柠檬的另一边缘位置单击鼠标添加第二个路径锚点，并进行拖曳，创建曲线路径，如图 3-61 所示。

继续沿画面中的柠檬进行单击拖曳操作，绘制完整的工作路径，打开"路径"面板，在面板中会看到绘制的路径缩览图，如图 3-62 所示，单击面板中的"将路径作为选区载

图 3-60　打开柠檬图片并添加锚点

图 3-61　将锚点拖曳

入"按钮,就可将绘制路径转化为选区,此时可以看到原画面中的商品对象被添加到选区中,如图 3-63 所示。

图 3-62　路径缩览图

图 3-63　抠取的柠檬

运用钢笔工具绘制工作路径后,如果需要将路径中的对象抠取出来,还必须将路径转化为选区。在 Photoshop 中,路径与选区是可以相互转换的,既可以将绘制的路径转化为选区,也可以将选区转化为路径,当将路径转化为选区后,可以用其他选择工具如蒙版等来编辑选区。要将路径转化为选区,可以通过多种方法实现,可以单击"路径"面板中的"将路径转化为选区载入"按钮或按下 Ctrl 键单击"路径"面板中的路径缩览图转换选区,也可以用鼠标右键单击绘制的路径,在弹出的快捷菜单中执行"创立选区"命令。创建选区还可以按下快捷键"Ctrl + Enter",可以快速将路径转化为选区,如图 3 - 64 所示。

图 3 - 64　路径转化为选区

使用钢笔工具沿水果对象绘制路径,绘制完成后用鼠标右键单击路径,在弹出的快捷菜单中执行"建立选区"命令,如图 3 - 65 所示。打开"建立选区"对话框,出现的页面如图 3 - 66 所示,在对话框中对选区进行设置,单击"确定"按钮,将路径转化为选区,如图 3 - 67 所示。

图 3 - 65　单击"建立选区"

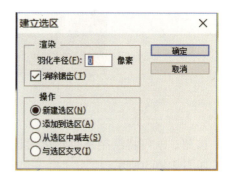

图 3 - 66　对话框页面

图 3 - 67　路径转化为选区

2. 使用通道抠出半透明商品

通道是非常强大的抠图工具之一，也是 Photoshop 软件的核心功能之一。通道的主要用途有两种：一是将我们创建的选区保存起来；二是在保存选区时，将选区转换为灰度图像储存于通道中，使更多的功能对通道、选区进行编辑，完成更多特定材质的抠取，例如边界模糊的图像，透明的水晶、玻璃、复杂的毛发，等等。

通道分为 Alpha 通道、颜色通道和专色通道，以 Alpha 通道为例，通道中白色代表了可以被完全选中的区域，即完全显示的区域；灰色代表了可以部分选中的区域，即半透明的区域；黑色代表了位于选区之外的区域，即可以隐藏的区域。如果要扩展区域范围，可以应用画笔等工具在通道中涂抹白色；如果要增加羽化范围，则可以涂抹灰色；如果要收缩选区范围，则涂抹黑色。

使用通道抠图时，先打开要抠取的图像，然后在面板中观察各个颜色通道的影像效果，如图 3-68 所示。选择一个明暗对比反差较大的颜色通道，复制该通道，在复制的通道中应用工具或者调整命令对该通道中的图像进行编辑，把需要保留的图像涂抹成白色，不需要保留的区域涂抹为黑色。

打开素材图像，在图片上可以看到瓶子为半透明的效果

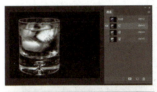
切换至"通道"面板，单击"红"通道，查看红通道内的影像效果

切换至"通道"面板，单击"绿"通道，查看绿通道内的影像效果

切换至"通道"面板，单击"蓝"通道，查看蓝通道内的影像效果

图 3-68 通道的影像效果

观察图 3-68，"蓝"通道明暗对比反差较明显，所以选择"蓝"通道并复制，得到"蓝拷贝"通道，如图 3-69 所示。操作"图像>调整>亮度/对比度"调整亮度，增加对比度效果，如图 3-70 所示。调整后还可以运用工具对通道中的图像进行编辑，将不需要的地方涂抹成黑色。

图 3-69 蓝拷贝通道

在通道面板中完成通道的编辑，然后将通道中的图像以选区方式载入，做进一步的图像抠取。在 Photoshop 中选择要载入的通道图像，按住 Ctrl 键不放，单击通道面板底部的"将通道作为选区载入"按钮就会将通道中的图像载入选区。

如图 3-71 中的红圈所示，在通道面板中选择编辑后的蓝拷贝通道，点击通道面板底部的"将通道作为选区载入"按钮,将该通道中的图像载入选区,可以看到通道中的白色和灰色区域的图像被添加至选区中。

图3-70 调整亮度和对比度

图3-71 "将通道作为选区载入"按钮

载入通道选区后,单击RGB通道,就可以查看到选区效果,如图3-72所示。此处需要抠取玻璃杯对象,按下快捷键"Ctrl + Shift + I",反选选区,再按下快捷键"Ctrl + J"就可以将选区中半透明的玻璃杯抠取来,如图3-73所示。

图3-72 玻璃杯选区效果

图 3-73 玻璃杯抠取的效果

六、图片中的信息添加

（一）商品图片中的矢量元素添加

为了丰富商品图片上的内容或增加更多的阅读信息，有时会在图片中添加文字或者图形，以获得更满意的画面效果。可以使用 Photoshop 中的图形绘制工具和文字工具在图片中的特定位置绘制图形或添加文字信息，还可以根据版面的需要，对图形和添加的文字进行艺术化的修饰，让图片更符合商品需求。

1. 对绘制的图形进行描边

为了强调画面中的部分内容，带来更强烈的视觉体验，绘制图形后，可以为图形设置合适的描边效果，在 Photoshop 软件中可以使用描边选项面板设置图形的描边效果，如图 3-74 所示。选择"矩形工具"以后，单击"设置形状描边类型"按钮，即可打开"描边选项"进行描边，如图 3-75 所示。在该面板可以选择图形的描边类型，还可以调整路径与描边的对齐方式等，使设置后图像在画面的表现上与主题更吻合。

图 3-74 描边选项面板

假如描边选项面板中预设的描边类型都不符合理想的边框，可以选择自行定义描边的样式和类型。单击"描边选项"面板底部的"更多选项"下拉按钮，打开"描边"对话框，如图 3-76 所示，除了可以对前面"描边选项"对话框中的选项进行设置外，还可以自由地调整虚线之间的缝隙，如果需要丰富同一间隙的虚线对图形进行描边，也可以单击"存储"按钮，将设置的描边样式存储为预设。

图3-75 描边选项

图3-76 "描边"对话框

打开一张商品图片,如图3-77所示,用"矩形选框工具"选择画面中的矩形对象,将其选中,用鼠标右键单击"描边"选项,如图3-78所示,打开"描边"面板,在面板中设置描边宽度和颜色等,如图3-79所示,单击"确定"后查看描边后的图像效果,如图3-80所示。

图3-77 打开图片

图3-78 选择"描边"

图3-79 设置宽度和颜色

图3-80 描边后的效果

2. 在图片上绘制特定的方形效果

使用矩形工具绘制路径时,单击工具选项中的"几何体选项"按钮,在展开的面板中可以选择矩形图形的绘制方式,包括"不受约束""方形""固定大小"和"比例"四个,如图3-81所示。

"不受约束"是默认的绘制方式,此时在画面中单击并拖曳鼠标,可以创建任意大小的矩形路径;单击"方形"按钮,可以绘制出同等宽度和高度的正方形;单击"固定大小"按钮,激活右侧的W和H文本框,通过输入数值制定绘制矩形的宽度和高度;单击"比例"按钮,激活右侧的W和H文本框,通常输入数值绘制等比例的矩形。

单击"固定大小"按钮,激活右侧的W和H文本框,输入"W"为1厘米,"H"为1厘米,如图3-82所示,在图像中单击并拖曳鼠标,绘制出多个宽度和高度均为1厘米的方形图案,如图3-83所示。

图3-81 矩形图形的绘制方式

图3-82 输入固定大小数值

图3-83 绘制出的方形图案

单击"比例"按钮,激活右侧的W和H文本框,输入"W"为2,"H"为1,如图3-84所示,在图像中单击并拖曳鼠标,绘制出多个比例为2∶1的矩形图案,如图3-85所示。

图 3-84 输入比例数值

图 3-85 绘制出的矩形图案

（二）用文字让商品信息表现更准确

文字能够最直观准确地将想要表达的信息传递出来，是艺术设计中必不可少的一项内容。Photoshop 文字工具中包括了"横排文字工具""直排文字工具""横排文字蒙版工具"和"直排文字蒙版工具"，应用这些文字工具可以在画面中创建水平或垂直方向的文字效果。

1. 用横排文字工具为图片添加横向文字

横排文字工具主要用于在图像中添加水平方向的文字效果。选择工具箱中的"横排文字工具"，在图像中单击并键入文字即可。单击工具箱中的"横排文字工具"按住 T 后，在选项栏中会显示出对应的文字属性，通过修改这些属性的参数值，可以对文字的字体样式、字体大小和颜色进行编辑，如图 3-86 所示。

图 3-86 文字属性

打开一张图片，选择工具箱中的"横排文字工具"，在展开的工具栏中对要输入文字的大小、字体等属性进行设置，然后将鼠标移至要输入文字的图像右下角，单击鼠标左键，在该位置开始输入文字，并依次显示输入的文字，根据画面，可以利用"横排文字工具"并结合选项的调整，在画面中完成文字的添加，如图3-87所示。

图3-87 文字的添加

2. 用椭圆工具绘制图案突显商品

椭圆工具用于创建椭圆形或圆形，按住工具箱中的"矩形工具"按钮不放，在弹出的隐藏工具中选择"椭圆工具"。选择"椭圆工具"后，在图像中单击并拖曳鼠标时，可以沿鼠标拖曳的轨迹绘制出椭圆或圆形图案。

使用椭圆工具绘制图案时，单击鼠标并拖曳，可以绘制出任意的椭圆形图案，如果需要绘制圆形图案，按下Shift键的同时单击并拖曳鼠标，即可绘制圆形。

打开一张图片，选择"椭圆工具"在图片右上角绘制一个圆形，填充粉色，如图3-88所示，再单击"横排文字工具"按钮，将鼠标移至粉色圆形上，单击即可输入文字。输入完成后，可以看到输入的文字完全被放置到粉色圆形中，如图3-89所示。

图3-88 绘制粉色圆形

图 3-89　在圆形上增加文字信息

七、调整商品的光影层次

为了使图片中的商品显得更有层次感，后期需要对图片整体或局部的明暗进行修饰。Photoshop 软件中可以应用多种菜单命令和工具调整图片明暗，以完成图片明暗的快速修复与润饰，使拍摄出来的商品更有质感。

（一）商品图片的明暗调整

相同的商品，不同的亮度会给人带来不同的感受。拍摄的图片较亮，能给人一种清新甜美的视觉感受；拍摄的商品图片较暗，则能给人一种典雅高贵的视觉感受。由此可见，对图片进行合适的明暗调整，可以增强商品的视觉效果。

1. 调整亮度/对比度增强商品层次

在处理商品图片时，调整图片的亮度和对比度可以起到美化商品的作用。在 Photoshop 中应用"亮度/对比度"命令可以分别对图片的亮度和对比度做单独的设置，还可以改变画面的亮度或提高图片的对比度等。使用"亮度/对比度"命令调整图片明暗时，会对图片中的所有像素进行相同程度的调整，因此该命令不适合于局部较亮或较暗的图片的调整。

如图 3-90 所示，打开一张画面偏暗且对比较弱的香水图片，执行"图像 > 调整 > 亮度/对比度"菜单命令，打开"亮度/对比度"对话框对"亮度"和"对比度"选项进行设置，单击"确定"后可以看到图右画面被提亮了，并且增强了对比效果，明亮的画面会刺激观者的视觉感官。

亮度和对比度决定画面的明暗程度，同一件商品会因为亮度不同呈现出不同的状态效果，在"亮度/对比度"对话框中，应用"亮度"选项可控制图像整体亮度，单击鼠标并向左拖曳"亮度"滑块可降低图像的亮度，单击鼠标并向右拖曳"亮度"滑块可增强图像的亮度。当拍摄的图片偏灰时，则可以通过调整"对比度"选项，向左拖曳"对比度"滑块降低对比，向右拖曳"对比度"滑块提高对比。

图 3-91 分别展示调整亮度和对比度后所呈现出的画面效果。从图上可以看到，不同的亮度和对比度既可以使商品变得美观，也可能导致商品品质的下降，所以调整时测试一下选出最合适的参数，才能呈现出商品最好的质感。

图 3-90　调整前和调整后

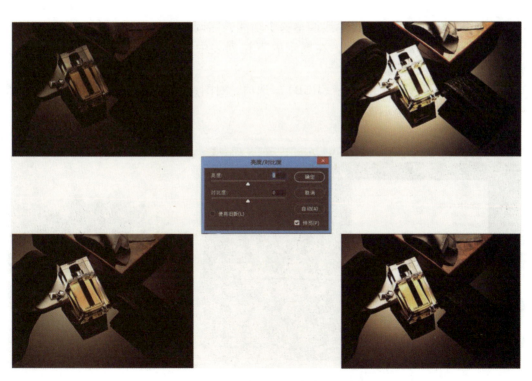

图 3-91　不同参数下图片的不同效果

2. 使用曲线命令快速提高或降低图片亮度

使用曲线命令调整图片的明暗对比，可以在曲线上添加多个曲线控制点并对该曲线控制点的位置进行处理，实现图片中不同区域的明暗调整，让画面的层次更突出、明确。

如图 3-92 所示，打开一张室内拍摄的盆栽图片，明显发现图像曝光不足，暗部区域过于偏暗，执行"图像>调整>曲线"菜单命令，打开"曲线"对话框，在对话框中单击添加一个曲线控制点，再向上拖曳该曲线点，更改曲线形状，设置后可看到原本偏暗的图像变得明亮，增加了商品的辨识度。

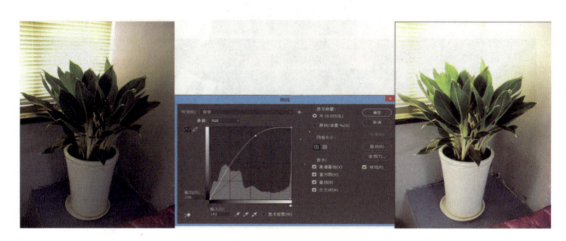

图 3-92 调整曲线

在"曲线"对话框中有预设曲线调整这个功能，能调整一些明暗对比相对较弱的商品。单击"曲线"右侧的倒三角按钮，在展示的下拉列表中即可查看或选择预设的曲线调整选项。

如图 3-93 所示，选择"较亮（RGB）"选项，对图片的亮度进行轻微的处理，从图像上可看到画面的亮度还是不够高。

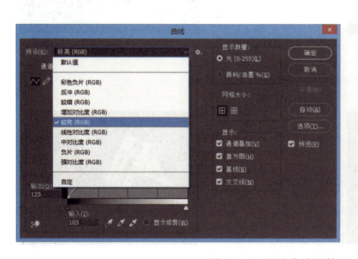

图 3-93 预设曲线调整

曲线调整的优势就在于，能够通过对曲线形态的自由调节让图片中对象的影调得到更精彩的呈现。曲线的形态一般分为 C 形、S 形和 M 形。C 形曲线可以用于调整图片整体的明暗，当曲线呈现为正 C 形时，会提高图像中间的亮度；当曲线呈现反 C 形状时，会降低画面中间区域的亮度。S 形曲线可以少量提高图片的中间和不特别明亮或特别暗的区域对比，起到增强对比的作用。M 形曲线则主要用于对象细节的展现，如果画面中间部分的细节层次不明显，可以设置 M 形曲线轻微调整中间部分的图像的明暗，让其细节更为清晰。如图 3-94 所示，左边是原图，右边分别是 C 形曲线、S 形曲线和 M 形曲线调整后的不同效果。

图 3-94　C 形曲线、S 形曲线和 M 形曲线调整

　　铅笔工具可以手动绘制曲线，实现图片明暗的快速调整。单击"铅笔工具"按钮，在右侧的曲线上就可以进行曲线的绘制，绘制完成后系统会根据绘制的曲线形态调整图像的影调。如果觉得绘制曲线不够平滑或出现了断开的曲线段，可以单击"平滑"按钮，系统会自动将绘制的曲线进行连接和平滑处理。

　　如图 3-95 所示，选择"铅笔工具"手动绘制曲线，将绘制的曲线连接成平滑的曲线后，从图 3-96 中可以看到，盆栽上的叶子部分的细节与层次感都得到了加强，从图片中就能看到叶子的纹理，大大增强了商品的表现力。

　　在"色调曲线"选项中不仅可以应用"参数"选项调整图片的明暗，也可以使用"点"选项来调整图像，如图 3-97 所示。"点"选项可以通过手动的方式进行曲线形状的调整，左侧的曲线用于控制画面暗调区域，中间部分用于控制画面中间调区域，右侧的曲线用于控制画面亮调区域。除此之外，还可以选择预设的曲线，快速对商品的明暗进行调整。

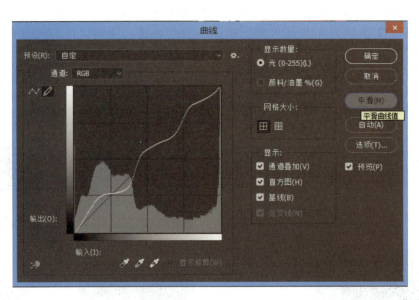

图3-95 手动绘制曲线

图3-96 调整后的图片

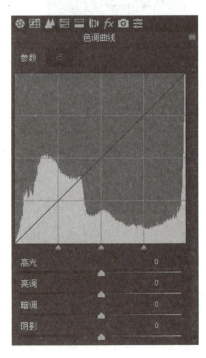

图3-97 "点"标签

打开一张置物架的图片，如图3-98所示。单击"色调曲线"选项中的"点"选项，分别在曲线上的各位置单击添加三个曲线点，如图3-99所示，再将三个曲线点分别进行拖曳，能看到图片影调发生了明显的变化，如图3-100所示。

运用"色调曲线"对商品的明暗度进行调整时，不仅可以对整个图像进行明暗调整，还可以对单个颜色的通道进行调整。单击"点"选项中的"通道"选项，在弹出的下拉列表中可以选择相应的颜色通道，如图 3-101 所示。

图 3-98　置物架原图

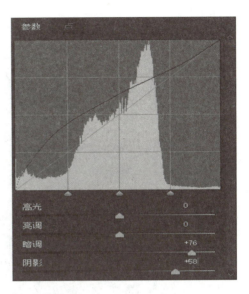

图 3-99　增加三个曲线点

图 3-100　调整后的照片

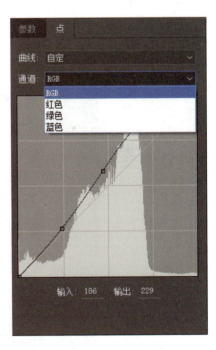

图 3-101　颜色通道

跟图像整体明暗调整有所不同，单个颜色通道应用曲线调整会影响到整个画面的色调，对不同的颜色通道应用曲线调整后，图片的颜色将会产生明显的变化。打开一张图片，如图 3-102 所示，在"点"选项中的颜色通道选择蓝色，如图 3-103 所示，调整后得到图 3-104，可以看出颜色有了明显的变化。因此，如果没有特别的要求，通常都只需要对图像整体的明暗进行处理。调整颜色通道的曲线容易导致画面偏色，无法表现出商品的真实特征。

图3-102　打开的图片原图

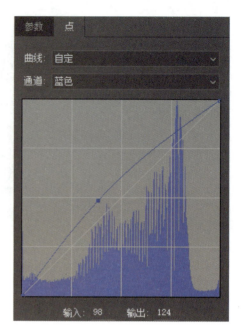

图3-103　选择蓝色通道

图3-104　应用蓝色通道后的效果

3. 使用色阶调整画面的对比

Photoshop 软件中的色阶表现一张图片的明暗关系，是用横坐标和纵坐标说明图片中像素色调分布的图表。使用"色阶"命令调整明暗时，可以分别对照片中阴影、高光和中间调部分的图像的明暗进行处理，并且可以根据色阶图来观察需要进行调整的区域和控制调整的应用效果。执行"图像＞调整＞色阶"菜单命令，即可打开"色阶"对话框，在对话框中可对整个图像的明暗参数进行设置，也可以选择某个单独的颜色通道，对该通道中图像的明暗进行处理。

打开一张层次不理想的商品原图，如图 3 – 105 所示。执行"图像＞调整＞色阶"菜单命令，打开"色阶"对话框，在对话框中对色阶滑块的位置进行设置，将黑色滑块拖曳至 27 位置，灰色滑块拖曳至 0.91 位置，如图 3 – 106 所示。设置后降低了中间调部分的图像亮度，使画面层次更分明，质感更突出，如图 3 – 107 所示。

图 3 – 105　商品原图

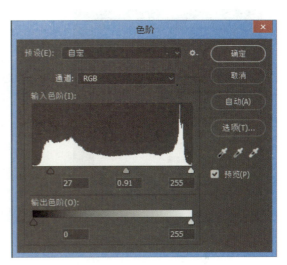

图 3 – 106　色阶调整

图 3 – 107　设置后的画面

在"色阶"对话框中还有一个"预设"选项可以快速校正一些明暗问题不大的图片。单击"预设"选项右侧的倒三角按钮，在展开的下拉列表中选择用于调整的预设选项，就可以完成对图片的快速调整。选择其中一个选项，下方的"输入色阶"会自动对下方的滑块位置进行调整。

如图3-108所示，在"预设"下拉列表中有很多不同的预设选项，选择不同的选项，图像也会呈现出不同的效果。

"色阶"对话框中可以拖曳色阶图下方的黑色、灰色和白色三个选项滑块，如图3-109所示，三个滑块分别处理照片中的阴影、中间调或高光部分的明暗。黑色滑块代表最暗亮度，向右拖曳该滑块图像变暗；灰色滑块则代表中间调在黑和白之间的分布比例，对应画面中的中间调部分，向暗部区域拖曳则图像中间调变亮，反之则变暗；白色滑块代表最高亮度，对应画面中的高光部分，向左拖曳图像变亮。

图3-108 "预设"里的选项

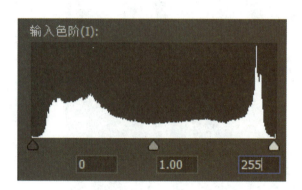

图3-109 黑、灰、白三个滑块

打开一张图片原图，如图3-110所示，单击选中黑色滑块，向右拖曳黑色滑块至数值34，如图3-111所示，照片中的阴影部分变得更暗，如图3-112所示。

图3-110 图片原图

图3-111　拖曳黑色滑块

图3-112　阴影部分变暗

单击选中灰色滑块，向左拖曳该滑块至数值1.29，如图3-113所示，降低了中间调亮度，增强了明暗层次，画面效果如图3-114所示。

图3-113　拖曳灰色滑块

图3-114　调节灰色滑块后的图片

单击选中白色滑块，向左拖曳滑块至数值201，如图3-115所示，原图中高光部分变得更亮，效果如图3-116所示。

输出色阶可以有效地增强或降低图片中明度的反差。在"输出色阶"下有一个黑色滑块和一个白色滑块，如图3-117所示。若将黑色输出滑块向右拖曳，则照片整体变亮；若将白色输出滑块向左拖曳，则照片整体变暗；若把黑色滑块向右拖曳并同时把白色滑块向左拖曳，则会导致图像的反差降低。

图3-115 拖曳白色滑块

图3-116 图片中高光部分变亮

图3-117 "输出色阶"中的黑白滑块

在"输出色阶"中将右侧的白色滑块向左拖曳至数值214后，如图3-118所示，画面的整体亮度变低，偏灰的影调更为明显，如图3-119所示。

图3-118 拖曳白色滑块

图3-119 偏灰的画面效果

4. 使用阴影与高光控制阴影与高光部分的明暗对比

当采用正面光拍摄商品时，拍出的图片会显得较平淡，画面的明暗对比相对较弱；采用逆光或侧光拍摄，图片前面部分会变暗，背景部分会相对较亮，这样就能够更清晰地展示商品的外轮廓。但是当强逆光时，画面容易形成剪影，Photoshop 软件中的"阴影/高光"功能，如图 3－120 所示，可以解决这个问题。

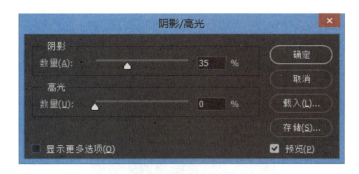

图 3－120　阴影/高光功能

应用"阴影/高光"功能不但可以修复逆光图片中的剪影，而且还能解决太靠近闪光灯而出现的反白情况。打开"图像＞调整＞阴影/高光"对话框，对话框中包括"阴影"和"高光"两个选项组，如果需要设置更多选项，则可以勾选"显示更多选项"复选框，以显示更多的阴影与高光调整选项，如图 3－121 所示。

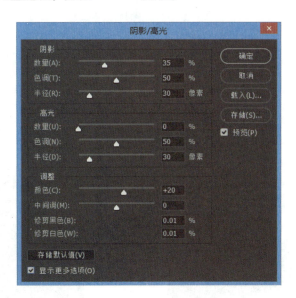

图 3－121　显示更多选项

针对一些暗部细节不明显的照片，可以使用"阴影/高光"对话框中的"阴影"选项组对阴影部分的图像进行提亮处理，让暗部的细节得以体现。"阴影/高光"对话框中的"阴影"选项组包含"数量""色调宽度"和"半径"三个选项。其中"数量"选项用于设置图像中阴影部分的亮度，通过下方的滑块调整阴影，向左拖曳滑块则图像更暗，向右拖曳滑块则图像更亮;"色调宽度"选项用于决定多暗或多亮的像素会被当作阴影或亮度;"半径"选项用于设置邻近范围的大小,在设置每个像素周围的像素平均值时,此选项可设置查找范围。

打开一张逆光拍摄的图片,如图3-122所示,执行"阴影/高光"命令,在打开的对话框中对"阴影"选项组中参数进行设置,将"数量"调至61,"色调"调至50,"半径"调至93,如图3-123所示,可明显看到图片中的暗部区域变亮,商品细节变得更为清晰,如图3-124所示。

图3-122　图片原图

图3-123　参数设置　　　　　　　　　　图3-124　调整后的图片

对于很多小商品的拍摄,经常会采用棚拍的方式,有时会因为布光或相机曝光没调整到最佳,导致图片出现局部曝光过度或亮部细节不够清晰的情况。在后期处理时,可以应用"阴影/高光"对话框中的"高光"选项组降低商品中高光部分的亮度,还原真实的细节,让图像的光影恢复到正常曝光时的状态。在展开更多选项的"阴影/高光"对话框中，可以看到"高光"选项组下包含了"数量""色调宽度"和"半径"三个选项，应用这三个选项即可对画面中高光部分进行亮度优化调整。

打开一张用闪光灯拍摄的饰品图片，如图 3-125 所示。为了削弱水晶饰品上的反光，在"阴影/高光"对话框中对"高光"进行设置，将"数量"调至 91，"色调"调至 62，"半径"调至 100，如图 3-126 所示，设置后可以看到饰品的细节得到了更好的还原，如图 3-127 所示。

图 3-125　饰品图片原图

图 3-126　参数设置　　　　图 3-127　调整后的图片

调整了图片中的阴影与高光部分的亮度后，为了进一步增强"高光/阴影"的细节反差，可以应用"调整"选项组中的选项对中间调对比度进行进一步处理。"调整"选项组中包括"颜色""中间调""修剪黑色"和"修剪白色"四个选项，其中"颜色"选项用于设置调亮或调暗饱和度；"中间调"选项用于在不使用单个曲线调整的情况下，修复中间调的对比度；"修剪黑色"和"修剪白色"选项通过调高百分比值，将256种色调中的大多数色调转换为纯黑或纯白，起到增强对比的作用，但是将画面中过多的色调转变为极端的纯黑或纯白，容易导致阴影、高光的细节受损。

如图3-128所示，将"颜色"下方的滑块向左拖曳至"-100"位置，将"中间调"选项下方的滑块向右拖曳至"+81"位置，颜色的调整降低了饰品的色彩鲜艳度，使得画面中的小饰品显得更加晶莹剔透，如图3-129所示。中间调的调整不仅修复了画面的部分高光，而且降低了背景部分图像的亮度，使画面中的小饰品不受到环境的影响。

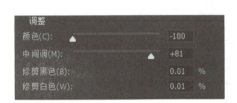

图3-128 参数设置

图3-129 调整后的图片

（二）对商品图片的局部调修

表现商品除了要将商品的外形轮廓表现出来，同时也需要赋予商品更鲜明的层次感。为了让拍摄的商品呈现出最佳的亮度和层次，不仅需要对画面进行整体调整，局部的明暗调整也是必不可少的。通常调整图片局部的明亮度，可以最大限度减少画面中细节的丢失，让拍摄的商品呈现最佳的视觉效果。

1. 使用减淡工具增加商品层次感

光线是影响商品拍摄效果的重要因素之一，如果拍摄时光线不足，画面就会显得较暗，此时就需要通过后期处理为画面加光。在Photoshop中减淡工具即具有加光的功能。选择此工具，在图像上进行涂抹，就可以完成照片的加光处理，让涂抹区域的图像变得明亮起来。

打开一张局部影调较暗且细节不够明显的商品照片，选择"减淡工具"后，在选择栏中设置工具选项，将鼠标移至画面中的商品所在位置进行涂抹操作。经过反复涂抹，被涂抹区域的图像变亮，如图3-130所示，画面的影调显得更为和谐。

使用减淡工具为图片加光时，可以选择要加光的区域，用"减淡工具"选项栏中的"范围"选项进行设置。单击"范围"右侧的倒三角形按钮，可以看到"阴影""中间调"和"高光"三个选项。

如图3-131所示，选择"阴影"选项，在化妆品上涂抹，提高了阴影部分图像的亮

图3-130 红框内为涂抹前和涂抹后

度;选择"中间调"选项,在化妆品上涂抹,提高了中间部分图像的亮度;选择"高光"选项,在化妆品上涂抹,提高了高光部分图像的亮度。

选择"阴影"选项,在商品上涂抹,提高了阴影部分图像的亮度

选择"中间调"选项,在商品上涂抹,提高了中间调部分图像的亮度

选择"高光"选项,在商品上涂抹,提高了高光部分图像的亮度

图3-131 不同选项的亮度调整

2. 使用加深工具为商品优化阴影

后期处理可以为拍摄的商品进行加光,同样也可以为图片减光。Photoshop软件中应用加深工具可以实现图片的减光处理。加深工具与减淡工具的作用刚好相反,选择此工具后,图片中被涂抹区域的图像亮度会降低,变得更暗。

如图3-132中打开了一张灯的图片,选取工具箱中的"加深工具",在选项栏中设置参数后,将鼠标移至画面中的灯芯位置进行反复涂抹,右图中可以看到处理后的图像,灯芯的明暗关系更有层次感,质感得以体现。

运用加深工具加深图像时,可以利用"范围"选项来控制加深的范围。针对不同的处理需求,选择需要加深的范围大小,不仅可以设置加深的范围,还可以结合"曝光度"选项,对加深的程度进行设置,输入的曝光度数值越大,图像越暗;输入的曝光度数值越小,图像加深效果越弱。

如图3-133所示,分别展示了将曝光度设置为10%和60%时,在灯的图片中涂抹所呈现的效果。从画面中可以看到,当曝光度为10%时,只对图像进行了轻微的加深处理,而当"曝光度"为60%时,在图像上涂抹后,加深的效果有增强。调整曝光度时,要注意当曝光度过深时会有可能导致画面中暗部细节的丢失。

图 3-132　使用加深工具调整图片

图 3-133　将曝光度分别进行设置后的效果

八、调整商品图片的色彩

商品图片中的色彩不只是真实记录下商品本身的颜色，还能给观者带来不同的心理感受。Photoshop 软件的调色功能中非常强大的调整工具和菜单命令，可以对图片中的商品进行合适的色彩编辑与处理，可以让商品质感色泽更好或对观者造成强烈的视觉冲击。

（一）调整图片整体色彩

有时因为受到环境光线影响和白平衡设置不当，拍摄出来的图片色彩会与人眼看到的效果不同，这就是色差。因此在后期处理时，需要对图像的颜色进行适当的调整，让图像中的商品颜色与我们肉眼观察到的商品颜色更加一致。在 Photoshop 中，使用调整命令中的一系列功能可以快速对图片的颜色进行统一的调整，在还原商品颜色的同时，让图片呈现出更完美的色彩效果。

（二）优化饱和度让商品色彩更鲜艳

决定商品颜色鲜艳程度的主要因素为饱和度。当拍摄的商品饱和度不够时，就需要通过软件后期处理来提升画面的色彩饱和度，使商品的颜色更鲜艳。

如图 3-134 所示，打开一张色彩暗淡的图片（左图），执行"滤镜＞Camera Raw 滤镜"菜单命令，打开"Camera Raw 滤镜"对话框，拖曳对话框右下方的"饱和度"滑块，调整图片颜色，得到右图的效果，可以明显看到首饰的色彩更鲜艳。

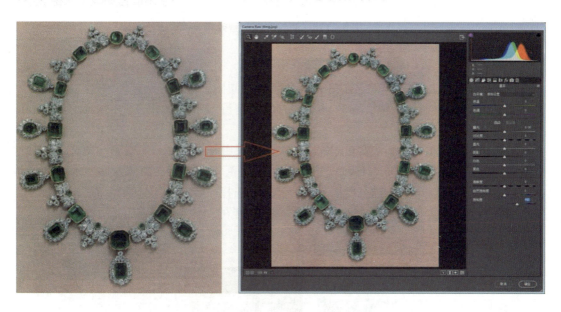

图 3-134　滤镜中调整饱和度的效果

1. 调整色温控制商品的冷暖调

色温是影响图片白平衡的因素，在"Camera Raw 滤镜"中可以对图片的色温进行调整，使画面中的光照情况更和谐。在"Camera Raw 滤镜"对话框中的"基本"选项下有一个"色温"选项，可以拖曳色温滑块来更改图片的色温。

如图 3-135 所示，箭头处向左拖曳"色温"滑块至 -32 位置可以看到提高色温，画面表现为冷色调效果，向右拖曳"色温"滑块至+24位置，可以看到降低色温，画面表现为暖色调效果。

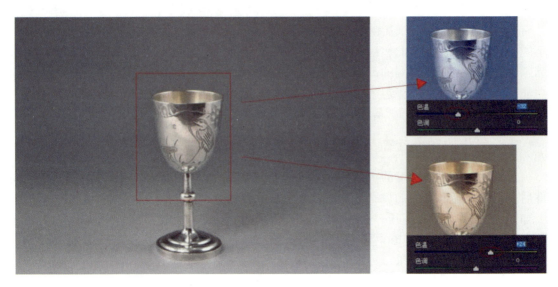

图3-135　调整色温参数效果

2. 设置照片滤镜变换商品色调

很多拍摄师喜欢拍摄不同的色调来表现商品的不同质感。在后期处理图片时，可以应用Photoshop软件中的"照片滤镜"命令对图像的色调进行调整和优化，使拍摄出来的商品质感更能够打动人心。

如图3-136所示，打开一张茶具图片，从原图像中可以看到图像受到室内光线的影响，整个图像的颜色偏黄，不能准确地体现出茶具的实物色彩，执行"图像>调整>照片滤镜"菜单命令，打开"照片滤镜"对话框，在对话框中选择"冷却滤镜（82）"选项，将"浓度"滑块拖曳至32位置，单击"确定"后可看到偏色的图像得到了校正。

图3-136　调整图片滤镜的效果

（三）商品图片的局部润色

在商品图片后期处理中，不仅需要对图片的整体颜色进行调整，经常还需要对商品图片中的局部颜色进行调整。Photoshop 中提供了针对画面局部色彩调整的命令和工具，如"色彩平衡""可选颜色""颜色替换工具"等，它们可以完成图片局部色彩的修饰，使商品的颜色更有感染力。

1. 使用色彩平衡命令修复偏冷的商品图片

多数小物件商品的拍摄都会选择在室内进行，需要制造一些人造光源为商品进行补光。当选择较高的色温光源，如钨丝灯时，会因为较高的色温使拍摄出来的图片出现偏色，如冷色调的现象，这时就要对图片的色调进行调整，修复偏冷的画面。

在 Photoshop 软件中，使用色彩平衡命令可以有效地校正图片中出现的各类偏色问题，也可以针对图片中的高光、中间调或阴影部分进行颜色更改，使画面色彩更平衡。

如图 3-137 所示，打开一张偏冷的化妆品图片，执行"图像 > 调整 > 色彩平衡"菜单命令，打开"色彩平衡"对话框，拖曳"颜色"滑块进行设置，向画面添加红色和黄色，设置后可看到右图减少了青色和蓝色，画面恢复暖色调。

图 3-137 执行"色彩平衡"命令

2. 使用可选颜色命令更改商品色彩

单张商品图片中通常含有多种色彩，如果需要对其中一种颜色进行调整，可以使用 Photoshop 软件中的可选颜色命令来更改。

执行"图像 > 调整 > 可选颜色"命令，在"可选颜色"对话框中对所占的颜色比例进行更改，从而调整成效果更佳的颜色。

如图 3-138 所示，打开一张图片，在"可选颜色"对话框中选择"蓝色"选项，调整下方的颜色比例，可以看到图片中的蓝色单个颜色有变化；在"可选颜色"对话框中选择"绿色"选项，调整下方的颜色比例，可以看到图片中的绿色发生了变化。

使用可选颜色命令进行调色时，可以对图片的调整方式进行设置。在"可选颜色"对话框最下方里有"相对"和"绝对"两个按钮，如图 3-139 所示，选择"绿色"选项，设置颜色比值为 -79、+85、0、0 后，分别选取"相对"和"绝对"两种不同的调整方式编辑图片，可以看到采用"绝对"方式比"相对"方式色彩反差效果更强。

图 3-138 重新调整"蓝色"和"绿色"

图 3-139 用"相对"和"绝对"方式调整颜色

3. 使用色相/饱和度命令替换局部颜色

色相/饱和度命令同样可以对图片中的局部颜色进行调整，此命令在商品图片调色中非常重要，它可以在不更改主体颜色的情况下，对画面中想要调整部分的颜色进行简单处理，获得想要的画面效果。

如图 3-140 所示，打开一张室内棚拍的服饰类商品图片，执行"图像>调整色相/饱和度"菜单命令，打开"色相/饱和度"对话框，在对话框的编辑列表中选中要调整的颜色，再拖曳下方的选项滑块进行设置。如图 3-141 所示，将色相调至-38，饱和度调至-18，单击"确认"后可以看到，图片中原来本色的图像变为紫色，而图片中的其他颜色没有变化，如图 3-142 所示。

色相/饱和度命令不仅可以对整张图片的颜色进行调整，也可以自由选取某一色域内的颜色进行修改。单击"色相/饱和度"对话框中的编辑按钮，在下拉框中可以看到除了默认的"全图"选项，还有"红色""黄色""绿色""青色""蓝色"和"洋红"六个选项，

图 3-140 服饰图片

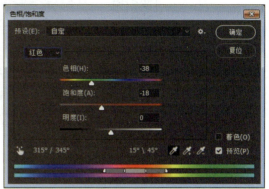

图 3-141 调整色相/饱和度

图 3-142 调整后的商品颜色

如图 3-143 所示。单击要调整的颜色后，还可以使用目标调整工具在色相条上直接对指定的颜色进行更改。

如图 3-144 所示，在编辑下拉列表中选择"黄色"选项，将色相数值设置为 -67，饱和度设置为 -72，单击"确定"后可看到画面中的红色部分的图片颜色发生变化。

在编辑下拉列表中选择"红色"选项，将色相数值设置为 +92，饱和度数值设置为 -31，单击"确定"后可看到画面中的黄色部分的图片颜色产生了变化。

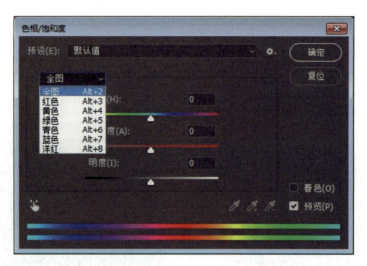

图 3-143 打开"色相/饱和度"编辑对话框

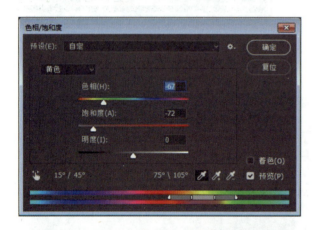

图 3-144 分别选择"红色""黄色"选项产生的变化

4. 使用颜色替换工具改变商品颜色

颜色替换工具在更改图片局部色彩时较为方便,先在前景色处设置好想要的颜色,接着单击"颜色替换工具",在画面中需要替换的颜色区域单击或涂抹操作,即可完成图片中局部颜色的替换。

在图片后期处理中,使用颜色替换工具可以对一些小的商品进行颜色调整。打开一张积木素材图片,在"图层"面板中将背景图层复制,然后再将前景色设置为红色,在其中一个蓝色积木上涂抹,经过反复涂抹操作后,可看到积木的蓝色被替换成了红色,如图3-145所示。

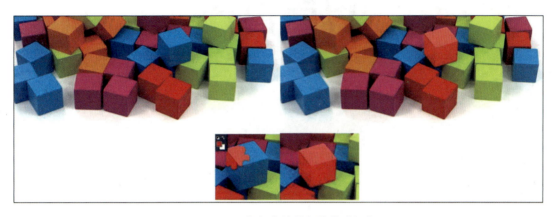

图3-145　将积木的蓝色替换成红色

第四章 界面设计

一、用户体验分析

(一) 用户体验及要素

用户体验是指用户在使用商品过程中建立起来的一种纯主观感受。以电商平台购物为例，用户体验包含从用户打开平台、进入店铺、查看商品、咨询客服、查看评价、下单购买、确认收货、售后服务等所有购买行为周期中的感受。网店的视觉设计归根结底也是为用户服务的，所以需要视觉设计人员对用户体验有所了解，这样设计出的页面才更能引起用户共鸣，赢得更多用户的点击和转化。

网站用户体验要素的分类如下：

①视觉体验：在视觉上给予用户最直观的感受。
②交互体验：用户对于界面交互的习惯程度以及方便性。
③情感体验：对店铺的心理接受程度和认可程度。
④浏览体验：能否被店铺展示的商品所吸引。
⑤信任体验：对于店铺的信任度、品牌的支持度的心理反馈。

1. 视觉体验

整体调性表现为能够符合主流消费群体的审美喜好，有一定的美学感体现。对于店铺品牌的体现需要给予一定的独立空间展示和宣传店铺及品牌 Logo，在店铺设计中多塑造品牌 Logo 形象，以确保店铺页面能够在最短时间内被打开，让消费者能够浏览到重要信息并且有更好的浏览体验。页面整体布局能够重点突出，核心展示优势商品，同时给人以店铺商品丰富多样的感觉。对于商品的品类规划、商品的陈列格局都有比较科学的排版布置。

页面色彩能够和品牌里面的色调统一协调，主色的运用在设计上不能超过三种。确保运用柔和的主体色，方便消费者浏览商品，因为高亮的颜色容易加速消费者的视觉疲劳。

适当的主图视频展示，能够更加有效地突出商品的卖点，同时首页或详情页视频的特效广告也能够为店铺提升品牌形象。

页面导航条能够弥补商品的不完全展示，所以在导航上能够对商品进行正确分类，根据不同属性能够科学地展示商品。

不同的浏览器以及不同的显示屏对于页面的呈现会有差异，要尽量考虑到大众浏览器和显示屏的完美展示。

图片首先要保证不变色、不变形；其次要保证图片清晰美观，尽量不要用过多的文字覆盖图片里的商品主体，图片要体现出商品的质感和店铺的调性。

店铺的图标不能过于花哨，要与页面整体风格相统一，选择三种以内的图标会让店铺形象更加协调。

店铺海报要懂得展示目的和意义，海报图片要符合整体风格，不要过多地展示一些与主题不太相关的海报，否则不仅影响商品销售，也容易让消费者感觉莫名其妙。店铺的消费目标要明确。

2. 交互体验

购物流程、售后服务流程在辅助页面要有所体现，方便消费者熟悉网购以及享受相关服务的流程和步骤。

对于交互来说，按钮以及图片的可点击化必须明确和清晰，这样才能方便消费者熟悉哪些地方可以点击继续浏览，以及跳转到哪个页面。

一些主推商品或者需要吸引消费者关注的页面，需要强调点击的必要性，这样能够提升入口的点击量；确保客服在线，能够及时应对消费者对于商品的咨询，客服的在线状态和响应率能够对店铺的销售产生很大的影响。

客服在店铺中一些重要的位置出现，方便在消费者产生疑问时找到咨询的客服。

在页面的合理地方设置搜索栏，方便习惯搜索关键词的消费者使用，并可以在搜索栏上设置关键词的提醒与暗示，增加商品的搜索概率。

首页能够弹出新窗口屏幕中的展现次数，对于淘宝店铺来说，跳失率偏高，访问深度偏低，所以尽量保证自己的店铺在消费者屏幕中的展现次数，而不是直接跳转到另外的页面。

不管消费者浏览到哪个页面，都方便消费者返回到首页或者目标页面，尽量减少消费者找到满意商品的点击次数，优化路径为消费者提供便利，也是为店铺销售增加机会。

3. 情感体验

分类命名需要满足消费者的理解习惯和消费的关注属性，要站在消费者的角度对分类进行归纳和命名。

分类的层级不要过多，大量重复的分类不仅不能很好地展示商品，还会把商品弄得混乱，因此做好几个核心的分类即可。

分类内容也不能过于繁杂，过分重复展现同一个商品，降低了其他商品的曝光率，所以商品分类不宜有过多的交叉。

尽量运用自己原创的店铺页面以及商品详情页的信息和内容，相同的内容很容易让消费者单纯地进行价格比较。

要不断地更新店铺的信息，这样才能吸引老客户的关注。长期不更新店铺信息容易让消费者认为店铺的人气低迷，无人问津，亦会影响店铺的活跃度。

信息的描述尽量采用图文结合的形式，这样显得内容丰富和完善。对于消费者来说，过多的文字或者过多的图片都不能很好地观察和了解商品。

要给予新发布的商品一定的标记，方便被消费者发现和购买，也能够让店铺一直保持新鲜感，新品平台还会给予一定的扶持。

对于一些重要的信息，例如品牌介绍，可以单独给予一个自定义页面展示，以提升店铺的形象，加深消费者对店铺的了解和记忆。

在店铺首页、左侧栏、自定义栏、编辑栏等多个地方对店铺活动进行提醒和引导，增加活动曝光率和参与度。

关联营销十分重要，在消费者流量的详情页下方或者左侧栏，提供一些相关联的商品推荐，提高连带率和销量。

在店铺醒目位置提供店铺收藏的提醒按钮，方便消费者收藏店铺。

文字的排列要有一定的规范性，店铺文字要分隔统一，不至于杂乱。字体上选取方便消费者浏览的字体，并且确保字号清晰醒目，不建议用过大的字体突出信息，注意字体的版权问题。

页面的底色尽量简洁素雅，过于花哨的底色会影响商品主题，浓重的颜色也会对店铺视觉产生一定的干扰。注意用户在夜间浏览时，不会因为底色的亮度刺眼。

页面长度，可以观察大部分店铺的情况，选取一个合理的值，不宜过长，显得内容冗长，也不宜太短，显得店铺信息匮乏。

4. 浏览体验

对于运费、赠品以及其他重要的临时信息，可以通过友好提示进行展示，方便消费者了解店铺的即时优惠消息。

可以开放一些方便会员交流和讨论的地方，方便了解店内客户的关注点和商品需求情况。

及时跟踪和反馈售后需要，提高消费者的好评率，并尽量减少消费者维权投诉，全店或部分商品可以设置会员折扣价，对会员实行优惠政策。根据会员的消费情况，不定期为会员提供商品推荐服务。对于消费者对商品的评论和晒图，可以给予优惠鼓励，增加商品的良好口碑。定期对会员进行优惠活动，提高会员的消费频次，提升用户黏度。

对消费者提出的一些商品疑问，可提供业内资深人士的专业解答，增加店铺的权威性。

在节假日、不同的天气条件、生日等重要日子，提供邮件或者短信的问候，可以增强和会员的感情联结。

5. 信任体验

将店铺的相关服务保障清晰地列出，提升店铺的信任度。要提供准确有效的联系方式，方便消费者电话咨询。能够为消费者提供投诉入口，可以更加清晰地了解到店铺服务出现的不良状况，做到及时进行问题跟踪。对于店铺的图片进行版权声明，保护知识产权。对于有共同消费群体的店铺可以交换友情链接，增加店铺流量入口。

（二）用户调研

1. 用户画像

（1）用户画像的定义。

用户画像是根据用户的社会属性、生活习惯和消费行为等信息而抽象出的一个标签化的用户模型。构建用户画像的核心工作通常称为给用户"贴标签"，而标签是通过对用户信息分析而来的高度精练的特征标识。假如某女士经常网购一些儿童玩具,平台就可根据这个情况替该女士打上标签"有孩子",甚至还可以通过购买的具体玩具判断出对方孩子的大概年龄,比如贴上"有3~5岁的孩子"这种更为具体的标签。这些所有给该女士贴的标签整合在一起,就成了她的用户画像。因此,用户画像就是判断一个消费者在生活中是怎么样的一个人,如性别、年龄、兴趣爱好、家庭状况等,如图4-1所示。

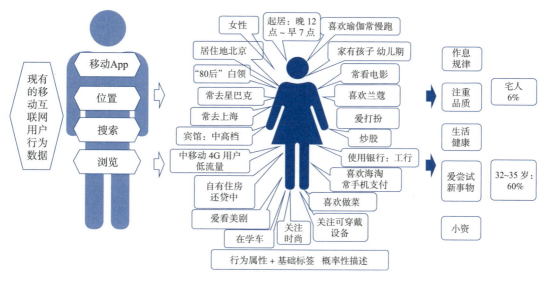

图4-1 用户画像

(2) 用户画像的意义

用户画像在不同情况下的作用也不同,简单来说可分为三个时期:

①初始期:商品尚未确定。

这个时期一般是指公司刚刚创立,前期需要通过用户画像来做一定的分析,需要做大量比较宏观的调研,明确产品目标是哪一个细分市场,这个细分市场中的消费人群又有怎样的特征,这些人群大约是男是女,年龄,平时喜欢哪些,不喜欢哪些,单身或已婚,大概消费水平如何,每天的时间分配是怎么样,通常什么时间段购物,等等。

整理好用户画像后,能够更了解这个商品类目市场的可行性,能不能以公司现有的商品去运营,在操作的过程中会出现哪些问题,这些问题能否解决……如果得到的反馈较佳,则可以快速制作出样品,测试商品数据,分析是否具有爆款可能性,如若不行则快速更换方向,换个思路。

②发展期:商品运营中。

这个时期说明商品在前期已经被市场基本认可,各项数据处于一个上升阶段。此时用户画像需要分析更多的后台数据,得到更详细的用户画像。从细节抓起,从每次与之前消费者的交互中发现消费者的内心需求。例如从事店铺运营岗位的,关注昨天的访客销量等基础数据和前天相比如何,消费者评价是怎么样的等,通过这些对比,可以得出一定的结论并开始对数据进行优化,包含访问数据、打开频率、浏览时长、转化率等,结合更多的数据做综合分析,得到的消费者需求会更加明确。

用户画像的一部分来源于数据分析,其他部分来自对消费者属性的分解和数据相结合。

例如运营的一家店铺属于母婴类目,每星期五时 11 点的访客数量明显比星期六时 11 点的访客数高,为什么会发生这样的现象?观看后台生意参谋也未得到答案,这时不妨切换到生活中来,比如是否有"购买母婴用品的消费者大部分是孩子妈妈,而妈妈们在星期六中午一般要在家准备午饭"这种可能性因素影响,通过多种不同的手段获取用户的反馈,多分析数据,你的用户画像就会越来越准确和全面。

③成熟期:寻求突破口。

此时期商品经过一定的市场检验已经成熟,已趋向稳定,以日常维护为主。用户画像可以用来寻找新的增长点和突破口。

当商品遇到转型时,老用户会离开还是成为新商品的核心用户,新商品出来后预计会有多少用户导入,结合老用户的需求,新商品有哪些功能要继续优化,此阶段的用户画像可将初创期的调查与成长期累积的用户画像数据结合进行分析,为新商品的研发和运营获得一个更好的保障。

(3) 如何构建用户画像

①确定特点。初期需要根据商品自身特性确定产品目标用户群体所具有的一些特点,例如饮料商品,需要限定年龄范围、城市分布、购买频率、日常兴趣爱好、消费习惯等,根据数据整理出一个用户样本范围。

②数据统计分析。百度指数是以百度海量网民行为数据为基础的数据分享平台,利用百度指数可以研究关键词搜索趋势,洞察用户兴趣和需求,监测舆情动向,定位用户特征。在线下也可以寻找潜在用户做调研,调研时尽量不要问用户封闭式问题或带有引导性的问题。将采集到的用户习惯信息和商品本身结合,得出的结论具有不错的参考价值。

③构建用户画像。将采集到的信息进行整理、分析并归类,创建用户角色框架,根据商品将侧重点提取出,进行简单的用户评估分级,并结合用户规模、用户价值和购买频率等来划分,分别确定主要用户、次要用户和潜在用户的类型。

(4) 用户画像的价值

①助力产品。一个产品想要得到广泛的市场应用,受众分析必不可少。产品研发需要懂消费者。除了需要知道消费者对商品的点击率、转化率、浏览停留时长等,用户画像能帮助产品研发部门透过消费者的行为了解到消费者深层的动机与心理,从而在研发产品时考虑更多市场的因素,使产品更符合消费者需求。

②行业报告与用户研究。通过对用户画像的分析可以更加了解行业动态,比如"80 后"人群的消费偏好趋势分析、高端用户青睐品牌分析、不同地域品类消费差异分析等,了解这些行业数据可以让运营更好地把握大方向。

用户画像是对用户的深入挖掘,除基本的人口统计学信息、地理位置、设备资产等客观条件之外,如兴趣偏好等是自由度很大的一个标签,在很多层面更需要用户兴趣、价值观、性格等标签。比如汽车客户,环保类的电动车品牌想要的标签是有环保意识、喜欢小排量的用户,因此制作的这些标签不能仅仅通过用户行为直接产生,需要更深入地建模,从人的心理、人格层面进行深度分析。

2. 用户浏览习惯

(1) 浏览习惯的特征

如果消费者长期使用某款软件,就会对该款软件产生一定的依赖性。消费者一旦习惯了该软件的界面结构和布局,在短期内很难做习惯上的改变,因此一旦软件更新跨度很大或者改用一款不一样的软件,就会出现不适感,甚至出现烦躁的情绪。例如用惯了苹果手机的iOS系统,换用其他品牌手机的安卓系统,初期也会有不适感,这就是浏览习惯形成的用户惯性。这种惯性能带来很好的品牌效果,但也会给未来升级和更新带来更高的挑战,一旦升级的软件在用户体验上给使用者造成困扰,就会存在用户流失的风险。

因为在长期的阅读习惯中,人们已经形成了从左往右、从上至下的浏览习惯,所以根据这些特性,就会形成一种比较有特征的视觉路径。浏览习惯一旦养成,要改变就会有一定的难度,所以很多软件和网站的界面在有一定的用户基础后,只会进行小幅度的调整优化,对于大篇幅的改动都会十分谨慎。

(2) 浏览习惯和喜好

消费者在长期浏览和关注某个网页后,会对网页里的某些特征形成一种思维惯性,这种惯性思维将会逐渐培养用户形成一种风格喜好,以及一些有特征式的行为习惯。

以大型网站为例,如搜索引擎类的网站,大部分消费者习惯了百度和搜狗的界面形式,如果将搜索网站变成微博形式的界面,就极有可能造成大量消费者流失。通过流行趋势的分析和解读,在制作线上店铺的页面时,也需要考虑到消费者对于店铺的风格喜好问题。有些设计师喜欢尝试颠覆型的视觉创造,也要在设计时考虑消费者的接受程度。

优秀的设计师可以把思维惯性所形成的种种特征进行有效运用,从而提高图片的点击率。像百度首页,很多消费者已经形成了固定的使用习惯,消费者习惯使用"百度一下"按钮以后,大部分消费者一旦看到类似的按钮出现,就会惯性地移动鼠标去单击。同样,淘宝网站页面中出现标注橙色的文字时,也会吸引很多消费者的注意,特殊颜色更会吸引视觉注意力,再加上长此以往对消费者的这种行为暗示以及培养,所以标注橙色字体的关键词流量也会明显比黑色字体偏高,如图4-2所示。

图4-2 淘宝首页关键词搜索

(3) 购买习惯

消费者在网上购物的长期过程中,会对这个购物平台里特有的氛围产生消费习惯。比如女性上班族,每天上班的第一件事情便是打开聚划算、淘抢购、天天特价等,查看一下是否有自己需要的商品。目前相当一部分年轻人习惯通过美团、大众点评等网站团购一些生活服务,如吃饭、看电影、足浴等,这样既能满足平时的吃喝玩乐需求,也可以节省经济成本。

(4) 价格因素

淘宝天猫市场因为价格的透明化引发了一系列的价格战,许多商家为了大量销售商品,抢占靠前的坑位,不得不与同行进行价格竞争,抢占低价市场。有些商家为了在低价中获取利润,甚至铤而走险,降低品质或不诚信经营,以此形成的恶性循环不利于品牌和商家的健康良性发展。

我们可以在视觉上优化这一点,借助提升视觉有效地提升商品形象,也可以因此消除价格因素的过分影响。通过不同的视觉呈现手法,引导和改变消费者的消费习惯,让店铺逐渐走出打价格战的困境。店铺长期频繁的促销，导致价格绑架了价值，而商品的核心在于商品对于消费者的使用价值，所以价值才是本质，价格只是价值的一种表现。通过视觉需要展现的，首先应该是商品的价值感，其次才是与之匹配的价格。真正意义上的促销是价值高于价格，消费者不仅感受到更高的价值，在价格上也感受到实惠，这样才能更加引发消费者的认可。所以视觉之于商品，优先展示的是商品价值吸引消费者的好感与关注，然后再通过诱人的价格，真正吸引消费者购买。

（5）关于爆款

当"爆款"一词成为网红词汇时，耀眼的光环始终围绕在这个词汇的身上。爆款在短期内产生巨大的销售量，让很多商家垂涎欲滴，通过单款商品非常高的销售量实现单品的高回报。在国内，很多消费者拥有从众心理，很多新手买家也认为卖得好的商品会更加可靠，于是主观认为更多人选择的总是好的，所以热卖的商品不断累积销量，不断吸引到更多消费者，这样就能使商品在一段时间内一直产生可观的销量。通常来说，爆款更多趋向于大众化的商品，因为商品本身的属性符合大部分消费者的胃口，所以聚群的速度会比一些个性化的商品更快一些。当然，因为大众化的商品通常会让很多同行分羹，所以由于竞争的加剧，很多卖得火爆的商品，并不见得能给商家带来丰厚的利润。

对于设计师来说，通过对消费者的某些行为和市场消费趋势的了解，可以了解到不同的消费人群大概会有怎样的消费特征，针对这些特征制作不同风格的店铺视觉设计、不同商品的商品详情页设计，从而提升消费者的转化率。

（三）视觉动线

视觉动线是指眼睛在阅读时，视觉移动时所构成的方向路径。视觉动线决定了页面构图的焦点以及文字摆放的位置与顺序。我们从小就养成了从左往右的阅读习惯，所以看到一幅画或者一段文字，习惯性地从左往右观看，或者是从上往下阅读观看。在这些长期的习惯影响下，每当需要视觉去浏览某些信息时，自然而然地会根据以往养成的行为执行我们在阅读习惯上的本能动作。同样，涉及浏览路径时，打开一个网页，通常都习惯从左往右用视线扫过去，然后自上而下地浏览页面，通过这种常规的阅读习惯，视觉动线的概念逐渐形成。

在浏览网页时留下的视觉轨迹中，商家把最想让消费者注意到的商品突出地展现给消费者，尽可能地引导消费者的目光按照自身店铺规划设计的视觉路径浏览，这种设计就叫视觉动线设计。实体店做视觉动线设计时，会在店铺的中间位置用模特进行特殊陈列，吸引消费者的关注，在商品摆放时也会根据视线的移动对陈列进行具体调整。网页同样存在视觉动线设计。网站上的页面结构并不像实体店里那么丰富，所以网页上的视觉动线会比实体店效果更明显，更易引导消费者根据商家制定的视觉路径浏览，从而达到商家想要达到的目的。

针对视觉动线设计有三个注意方面：

1. 在动线设计中需要对不同的板块进行主次之分

通过指示牌、区域牌等让消费者明确注意该板块的内容，这样就可以和不同商品的品类或者风格区分开来。例如百货公司的楼层指示牌，可以方便消费者尽快到达所需要的区域。网页上做好商品分类区避免消费者长时间浏览页面无果后产生烦躁感。

2. 不要单一地反复使用同一种动线设计

如果一味地使用"Z"形动线，就会出现页面下方，即Z字尾部的位置关注度很低。这就类似于淘宝天猫平台通过关键词搜索后，自然排名展现出来的商品都是"Z"字形的视觉路径，消费者对排在前列的商品会更关注一些，对于右下角部分的商品则容易忽略，导致页面中部的利用率不够。

可以通过不同的视觉路径交叉结合使用，降低消费者对于同一种动线安排的审美疲劳，让居于页面中下方位置的商品也能有更多的点击。

3. 动线的设计要做一定的考究，避免频繁地使用复杂的视觉动线

频繁通过视觉冲击消费者的视觉神经，容易让消费者产生视觉疲劳，就像线下实体店会针对个别款式运用模特展示一样，但店铺中大量琳琅满目的模特展示也会分散消费者的注意力，消费者的视觉体验感不一定好，所以简洁、有层次的视觉动线能让消费者停留的时间更久，这也是一种提升商品曝光率的有效途径。

视觉动线是设计师在设计的过程中加入营销的点，设计一种视觉浏览的路径，目的是引导大部分消费者通过事先编排好的动线路径行走，就像在超市购物的动线设计一样，物品的摆放和区域的分块让消费者根据设计好的路线开始逛超市的各个区域。我们无法保证动线能够做到让所有消费者都根据动线的路径浏览商品信息，但是可以尽可能让更多进店的消费者根据这样的路径来查看商品，并且在这个路径中有意安排一些关联搭配商品在路径中出现，让每个位置的展现都能得到更多的成交转化。

二、视觉定位

在传统的零售业中，店铺往往容易做到并具有最直观效果的是利用视觉上的冲击传达给消费者一些重要的信息。这些视觉信息通常会吸引消费者看到时进入店铺购物，或者给有些当时路过的消费者留下一些印象，形成短时间内的记忆。这样一来，就算一位消费者没有进入这些店铺购物，他们也会产生一些对店铺的印象，这些印象存在于消费者的感知中，同样会对消费者的下一次购物产生一定的影响。

例如一些较好的品牌或者店面装修较豪华的店铺，给人的感觉是价位高，商品较精致，质量较好，几乎很少打折。这样的店铺在视觉上塑造的形象更多在品牌上，并且代表品牌的定位和形象的展示品价位也较高。于是，这类店铺更多吸引的也是对商品品质有追求，并有一定消费能力的消费者。这类店铺，我们把它称为品牌型店铺，如图4-3所示。

有些店铺以促销和低价作为亮点来吸引路过的人流进入店铺购买，给消费者的第一感觉即价格低廉，销售的商品具体是什么往往并不是消费者最关注的点，他们通常总会先进去逛一逛，淘淘有无实惠的商品。此类店铺的视觉冲击点往往是大量的低价促销活动，更多吸引的是价格敏感的消费者。这类店铺，我们把它称为流量型店铺，如图4-4所示。

消费者在未进入店铺前亦未仔细地观察商品，仅仅从外面看了店铺几眼就能够马上区分出这些重要的信息。这说明在店铺的外观以及一眼可及的范围内，完全可以通过视觉来引导消费者的一定行为。

如果一个几乎从不打折的品牌型店铺，却使用流量型店铺的视觉冲击点，那么将导致忠实的消费群体对品牌的价值认同度降低，甚至造成这个品牌是否要清仓退场的猜测。即使吸引来的消费者，也是一些喜欢打折的消费者，对店铺后续的发展也没有太大的益处。反之，如果一个流量型店铺突然用品牌型店铺的方式来做，销量可能会明显下滑，因为店铺最大的

图4-3 品牌型店铺

图4-4 流量型店铺

竞争点——低价走量无法传递给路上的人群，吸引不了大的流量。所以，这两种方式必须符合店铺定位和运营操作模式。这种视觉设计的过程被称为视觉定位。

网店视觉设计同样也需要对店铺运营模式和店铺定位进行充分的准备，厘清思路再做视觉定位，区分品牌型店铺和流量型店铺的不同表现，最后设计出符合运营思路的页面，创造最适合店铺定位的视觉传达。

由实体店引到线上平台网店，同样的商品在网店平台上运用品牌型和流量型两种不同的运营策略，在视觉上需要做不同的设计。

（一）品牌型视觉定位

品牌型店铺需要突出品牌优势，特别是与同类商品相比具有的竞争力，来突出自身的品牌优势。一般品牌型店铺的价格略高于同类无品牌商品，但在商品设计、生产工艺、服务上具有一定的优势，因此我们在设计此类店铺时，需要突出这些品牌优势，即品牌带给消费者的保障，弱化价格的敏感度，如图4-5所示。

图4-5　品牌型视觉定位

在首页中展示"22年品质保证""1000万用户信赖之选""3000+实体专卖店护航"等品牌具有的承诺和服务承诺，突出品牌服务优势和与其他品牌对比的优势。

（二）流量型视觉定位

流量型店铺营销策略为跑量，即网店中最常见的"爆款"模式，突出价格优势，特别是与同类商品相比具有的竞争力，来达到区分店铺的目的。一般流量型店铺的价格略低于同类商品，同时营造一种非常热卖的气氛，让消费者产生这么多人购买肯定没错，绝对物美价廉的印象，因此我们在视觉设计上需要将促销做得更吸引人。

如图4-6所示，这家店铺在首页上方先展示了满减优惠券，随后将店铺宣传的重点落在主推商品上，致力爆款销量最大化，显眼展示商品名称"家用储米桶"和"抢新价格"以及"送送送"的促销，营销的意图非常明显。"优惠券""抢新价"给消费者造成价格非常低和"特惠组合""加入购物车""送送送"等促销语言，丰富的活动聚集在一起使消费者产生折扣力度很强的感觉，爆款流量型店铺的氛围也就创造出来了。

（三）两种视觉效果的节奏

1. 品牌型店铺的节奏

给消费者创造品牌实力强、商品质量优、服务有保障的印象。将品牌、商品、服务的优势尽量放在显眼位置，让消费者能够最快接受到这些信息，所以对商品图片的要求相对较高，需要体现出商品的质感，将价格转移到价值。要将价格的信息弱化，避免在价格数字上

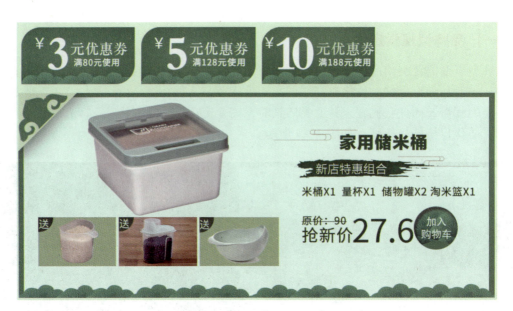

图 4-6　流量型视觉定位

所使用的强烈色彩，缩小数字的敏感度，放大文字卖点和商品图片，将吸引力转移到想要塑造的商品价值上。

2. 流量型店铺的节奏

店铺打造出热闹的促销氛围，将促销活动有序地排列在一起，会让消费者感觉到强烈的促销气氛，产生围观或者参与的效应。加粗、加大促销文字的字体和背景色形成鲜明的对比，打造视觉焦点。突出狂欢低价的感觉，将低价的数字排列在一起，并以醒目或者加大字体展现，体现巨惠感，引入更大的流量。

当然还会有一些店铺类型介于两者之间，不仅想要传达有质感的新品，还有一些清仓或者客户福利折扣品。有一个相对讨巧的办法即页面中以偏品牌型展示为主，可以设置超级链接跳转到该品牌的折扣页面，这样就有一种主页面是品牌实体店，跳转页面是品牌折扣店的体验，既给消费者提供具有品牌保障的商品，也可以为消费者提供可挑选物美价优的折扣福利的商品。

三、店铺架构

（一）店铺首页架构

店铺首页主要为了展示品牌或店铺的整体形象和调性，首页的布局就是有目的地去展示一些商品，让消费者能够快速找到其想要的商品。

1. 首页布局的作用

（1）展示形象

商品品牌、店铺品牌是一家店铺与其他店铺需要明显区分的。当消费者进入店铺时，消费者感受到这种差异，能够与其他店铺有所区别，从而形成认知上的区分，渐渐增加对品牌的信任感。

（2）商品搜索

消费者通过某一款商品页面进入首页时，意味着消费者有可能对店铺感兴趣，想看看更多其他的商品，这时首页就需要有搜索导购功能，帮助消费者快速方便地找到他们感兴趣的商品，顺利下单。

（3）推荐和活动

当消费者无明确购买需求时，需要一些推荐和店铺活动进一步激发消费者的购买欲望，如新品推荐、促销打折、搭配套餐等，如果店铺正在做这些活动，在首页轮播海报上就要有明显的展示，吸引消费者去点击。

当然，首页也承载了一些其他的作用，如服务提示、公告提醒、品牌信息等。这些作用也是为消费者提供快捷服务，让消费者建立起信任的纽带。

2. 首页的模块架构

要了解整个首页的布局方式，首先要了解首页上出现的所有图像和文字以及它们各自的作用和联系。对淘宝上的一些店铺做了汇集，将出现在店铺首页的"功能性"模块进行拆分，这里将"功能性"三个字加了引号，是因为"功能性"是自己设计出来的一个词，而实际在店铺后台并未完全按此进行划分。以功能分类，店铺首页大致可以分为以下几种模块：

（1）店招模块

首页店招具有传递信息的作用，它的位置出现在店铺的每一个页面的上方，消费者通过搜索进入详情页，首先看到的也是店招，第一眼印象的判断，包含了店铺品牌、店铺价格、店铺主推商品等重要信息，对消费者是否选择进入店铺首页浏览其他商品起到了一定的作用。

如图4-7所示，这家店铺的店招，传达了品牌的信息（小狗）、信任信息（旗舰店）、实力（出口86个国家，互联网家电第一股）、官方保证、商品（吸尘器）、商品广告（省+送）。

图4-7 小狗电器店铺店招

店招是展示一个店铺品牌的重要信息传递点，美工在设计一个店招时需要注意以下三个方面。其中，品牌定位和商品定位缺一不可，价格信息是可以隐藏的信息点。

①品牌定位。品牌主要通过店铺名字、商品品牌名字、品牌经典Logo等几个方面体现，还有与之息息相关的品牌颜色、品牌标识等重要信息。

②品牌定位。品牌定位主要是通过有代表性的商品展示、模特展示、穿着效果展示等来体现。

③价格信息。价格信息与品牌定位有一定的联系，有的品牌通过打造自己有价值的视觉体系去淡化价格信息，这是高价位品牌的普遍做法。促销活动类的商品则是以营销手段、强调低价位来展示价格这个卖点。

（2）Logo 模块

Logo 是一家店铺的标识，一般放在首页店招的左上方最显著的位置，如图 4－8 所示。

图 4－8　店招左上角伊莲娜 Logo

Logo 还会出现在搜索列表页，如图 4－9 所示。

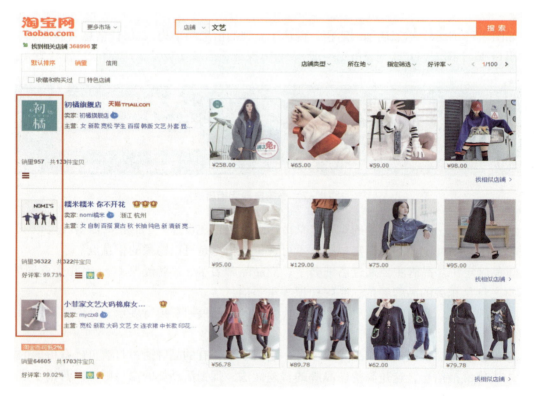

图 4－9　淘宝搜索页 Logo

除此之外，Logo 还会出现在很多纷繁复杂的流量入口，尽管这些入口流量较小，但积少成多，也是一笔不错的流量。现在 Logo 也越来越多出现在更多地方，如店铺动态、明星店铺、商品外包装、EDM 及 EM 单上，对传递店铺品牌起到广泛的宣传作用。

因为 Logo 的设计在品牌形象中属于非常重要的部分，浓缩了整个品牌的精华信息，所以 Logo 并不是随意设计的，需要有战略定位和完整的策划案才可以进行。在这里我们主要说一下以店铺名称和文字做 Logo 设计的基本要素。以"茵曼"的 Logo 为例，如图 4-10 所示。

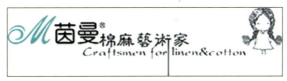

图 4-10　茵曼 Logo

①店铺名称：茵曼。
②店铺定位：茵曼主张"素雅而简洁，个性而不张扬"的服装设计风格，推崇原生态主题下亲近自然、回归自然的健康舒适生活，追求天人合一的衣着境界，致力于成为"属于世界的中国棉麻生活品牌"。
③字体：采用了大气柔美的字体和细腻温润的艺术字体相结合的方式，符合店铺风格，强调与目标客户群的气质相统一。
④品牌广告语：棉麻艺术家。

（3）通栏模块

首页页面并不能囊括所有的内容和功能，如品牌故事、信用评价、会员制度等可以在其他的自定义页面展示。通栏的作用就是将这些自定义页面用清晰明确的方式进行介绍，并让消费者马上可以点击进去。如图 4-11 所示，通栏上还有"全部商品""双 11 预订""热销爆款""专业除螨""品牌故事"和"中央维修"，每个内容点击进去都可以跳转到相关内容的页面。

图 4-11　通栏模块

通栏的位置一般是放在店招的下面，一般不需要太高，字体能够看清晰即可，不需要占用过多篇幅。通栏自定义页面的数量也不是越多越好，一般设置有限的数量即可，让字体不至于排得过于密集，有助于消费者看清楚。

例如，全部分类、信用评价、会员制度、品牌故事，这几个是一般常见的；还可以加上活动区，做活动集中的展示；或当一个活动参与的商品数量很多时，也可以在这里做活动页面的单独展示；或者比如是女装类目时，也可以增加买家秀板块，帮助消费者更好地了解买家对心仪商品的体验感。

（4）导航模块

导航一般为方便消费者搜索商品而设置，作用就如同商场的楼层悬挂牌上面列出的分类。导航按展示方式可分为隐形导航、半隐形导航和显性导航三类。

①隐形导航。一般以"全部商品"或"所有分类"为标题，只有当鼠标移动到上面后才会显示所有类目，所占的位置最小，相对不易被发觉，如图4-12所示。

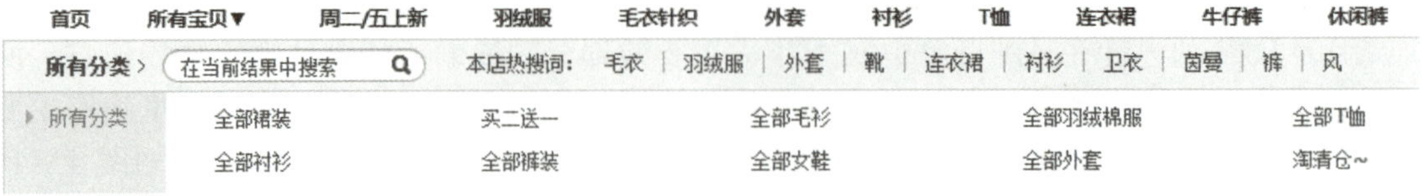

图4-12 隐形导航

②半隐形导航。一般设置几个主要的大类标题，鼠标移动到上面之后显示细分类目，比较容易被发现，如图4-13所示。

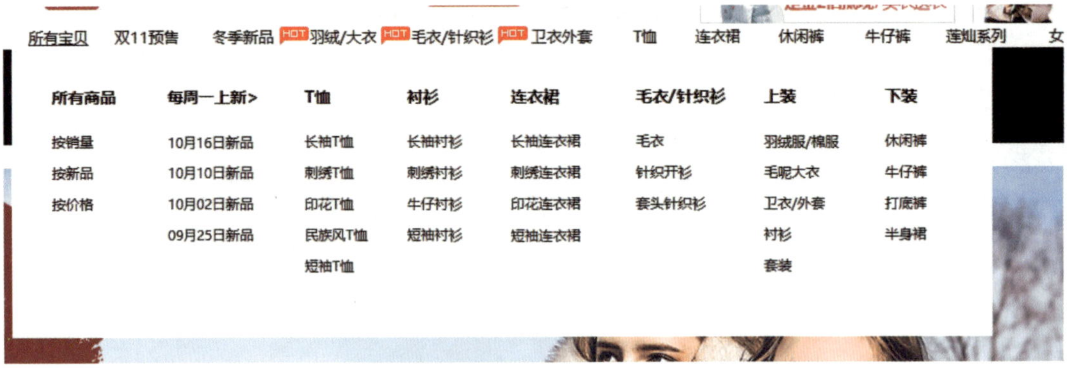

图4-13 半隐形导航

从功能上来说，半隐形导航具有提示性和导购性，因此目前淘宝上使用半隐形导航的店铺较多。从设计的角度来说，半隐形导航因为分类标题的图片背景和字体颜色都是可以自行设计的，因此设计时要注意与整体风格搭配协调一致，部分地方可以利用反色和对比色加以区分，这样可以达到重点一目了然的效果。

如果半隐形导航是放在店铺通栏下面的第一屏位置，则需要注意以下几点。

a. 大类标题的文字要简洁、排列整齐。

b. 不宜太多，突出引导的重点和主要类目，可用符号和颜色等元素加以区分。

c. 建议营销人员做出相关的策划案和文案以配合营销。

③显性导航。与隐性导航相反，显性导航一般出现在首页活动区域的底部，再次给予消费者全面的商品类目提示，占用的面积相对是比较大的，也是比较容易看到的。在功能上，它针对消费者在看完推荐商品后没有自己的需求，能够快速方便地搜索，找到自己更感兴趣的商品，提供方便快捷的购物体验，对流量进行分流和引导，如图4-14所示。

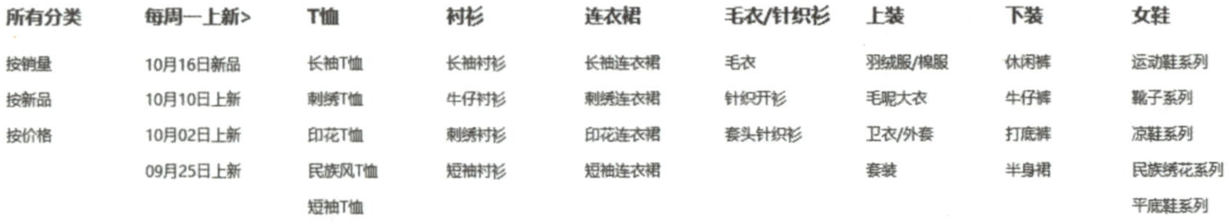

图4-14 显性导航

从设计上来说，显性导航也采用图文结合的方式，有文字，有背景，设计的余地相对较大。因此除了注意与整体风格搭配协调一致，还可以作为一个消费者体验功能的结合区，增加一些内容，如"会员中心""快速通道""自助攻略""联系方式""工作时间"等，让消费者对店铺的相关服务有更多的了解，增加对品牌的好感度。

显形导航常放在店铺活动区域的底部，设计时一般需要注意以下几点：

a. 大类标题和每个小分类的字数要简洁，排列整齐美观，避免内容冗长繁乱。

b. 导航仍然是为分类服务的，但要注意突出引导的重点和主要类别，可用符号和颜色等元素加以区分；可以加上其他一些店铺内容的补充，但避免将与用户体验无关的内容加入其中。

c. 如果是可选择展示的，可以适当加入商品内容补充相关信息，特别是当字数比较少时，可减少空白感，起到平衡的作用。

d. 建议营销人员同时做出相关的策划案和文案以配合营销。

（5）分类模块

店铺的分类也起到跟导航类似的作用，只是分类会在更多商品页面的左侧展示，而导航仅在首页展示。因为在位置上，消费者会先通过搜索进入详情页，往下浏览详情页时看到左侧的分类，而且是在每个商品页面左侧都有展示。其目的也在于能够让消费者无论在哪个页面上，都能够方便地找到所需要的商品。

现阶段淘宝店铺中比较常用的分类展示一般有如下两种方式：纯文字型和图文结合型。如图4-15所示，左边为纯文字型分类，右边采用了图文结合的方式，在浏览上更清晰明了，阅读起来也更容易、更轻松。

图4-15 常见分类

图文结合还有另外的分类形式，如图4-16所示。

（6）海报模块

海报一般展现在店铺首页或详情页的靠前位置。海报是店铺中较大型的活动展示，或展示主推款，或展示品牌，如图4-17所示。

海报占用的板块面积较大，内容很丰富，一般用于品牌展示、新品展示、活动展示。电脑端可以用轮播形式循环播放。海报并不仅限于放在第一屏，也可以在第二屏或第三屏放多张海报，如图4-18所示。

图 4-16　图文结合的分类形式

图 4-17　乐町天猫店铺首页海报

图 4-18 第二屏海报

(7) 商品展示模块

商品展示将店铺里的部分商品按照一定顺序和规则排列出来，如同实体店里的商品陈列，如图 4-19 所示。

图 4-19 商品展示

不少服装类店铺会使用模特图片进行商品展示，如图 4-20 所示。从图中我们可以看到一排有四个位置，并不显得拥挤，有留白部分，且上下拉得更多一些。这样的比例，会显得

图 4-20 模特图片展示

模特的身材比较修长,衣服版型看起来更好。

(8) 服务模块

店铺首页的下方,服务模块为消费者提供方便的自助购物,提高消费者体验,减少客服工作强度,减少消费者服务需求的等待周期,如图 4-21 所示。

图 4-21 服务模块

服务模块如果放置在页面最底端,也有一定的引导作用。一般消费者如果看到页面的尾部还未点击商品进入,信任感可能是其中一个影响因素。因此在这里设置服务模块,例如 7 天退换货等,会增加消费者的信任感。即便商品本身暂时不符合消费者的需求,那么服务模块也会给消费者留下一个好的印象,增加再度光临的可能。

(9) 推荐模块

推荐模块主要完善店铺内其他模块未能展现的优势商品,也可以是店内正在推广的商品，是为了增加预热新品或主推商品的展现，增加商品展现等，如图4-22所示。

图 4-22 推荐模块

（10）活动展示模块

部分店铺有活动展示模块，用活动来增加店铺商品的点击量，提升整店转化率，好的活动及展示方式也是增加活动效果的主要手段，如图4-23所示。

图 4-23 活动展示模块

(11) 旺旺在线模块

旺旺在线模块是为方便消费者在浏览过程中随时有客服的需求而提供的,如图4-24所示。

图4-24 旺旺在线模块

(12) 品牌展示模块

在首页页面上除了Logo和店招,还需要有强调品牌、表现品牌保障的地方,如图4-25所示是水星家纺品牌页尾部分。强调店铺品牌,加深消费者对品牌的印象,是一种不错的使用方式。

图4-25 页尾品牌展示

(13) 收藏模块

这是提示消费者收藏店铺的地方。收藏不仅仅局限于店招、导航、页尾,只要考虑好结构上的观感,任意一处都可以添加收藏按钮。不过店铺收藏对于非目标消费者来说,点击率并不高。图4-26所示的案例给了消费者一个较好的收藏理由,以活动时间倒计时来刺激消费者的紧张性,从而提高收藏的转化率。

图4-26 收藏按钮

3. 首页模块的组合

以上详细介绍的13个"功能"模块是现阶段出现在淘宝或天猫大部分店铺中的,但并没有一家店铺的首页上要体现全部的功能,也没有绝对的排列顺序要求,具体要根据销售类目、商品特性,以及店铺战略、营销策略的不同,对这些"功能"进行排列组合,让其组合方式更符合店铺自身需要。首页模块的组合不一定由美工独立完成,可以与运营讨论营销策划、战略、文案后,再确定框架结构布局,最后进行设计和细节地方的处理。

下面针对前面内容介绍的品牌型店铺和流量型店铺,分别分析这些模块的排列组合方式。

(1) 以商品品牌为主的店铺(如旗舰店、专营店)

以商品品牌为主的店铺,因为自身拥有一定的影响力,在线下也有一定的知名度,所以假设目标是要让消费者在进入首页时,能够强烈感受到品牌的信息和冲击,形成品牌效应和信任感。首页首要任务就是要让消费者在短时间内获得对品牌的信任和记忆,为此在第一屏的设计上,需要充分向消费者传达这方面的信息,如品牌形象,Logo 唤起记忆,展示品牌实力以及品牌商品优势,品牌服务优势,与同类商品对比的优势,等等。

服务功能、会员制度、收藏及会员类的活动不但不会削弱品牌信息的传达,反而会增强消费者的信任感,因此可以在页头、页中、页尾位置适当地重复出现。

在品牌店铺布局中,需要注意的共同点是模块的上下位置。在这种布局中,如果将过多的打折促销模块放在首页,会冲淡和干扰品牌信息的传递,并且过多出现低价信息会影响消费者心中的品牌定位。

(2) 以店铺品牌为主的店铺

以店铺品牌为主的店铺拥有许多不同品牌的商品,而且可能一直都在更换品牌和商品,因此店铺本身的信任度是更影响消费者的因素,简言之,即商品是否为正品。此外,消费者会顾虑店铺服务是否良好,售后是否有保障。因此以店铺品牌为主的店铺,在首页上第一屏的排序应该强化传递店铺诚信和口碑的信息,以增加消费者的购买信心,同时加以一定的促销信息以促进消费者下单转化。

(3) 其他类型店铺

①超市型店铺。超市型店铺的特色是商品品类众多,商品信息众多,价格也比较实惠。但是太多的商品信息和排列会比较容易干扰消费者。因此,需要有明确的导航帮助消费者找到所需求的商品,以及用明确的引导性商品海报和促销海报引导消费者购买某类商品。为此,超市型店铺需要用分类明确的货架,让消费者时时刻刻能够看到引导推荐信息,以及带动消费者的单价活动信息,如图 4-27 所示。

②流量型店铺。流量型店铺的特色就是便宜,打折力度大,促销商品具有一定的性价比,单品转化率较高,单品库存量充足。为了让商品卖得多,第一屏的内容基本围绕着热销款商品的促销进行,因此促销模块会展示在前面的明显位置,并且多次堆砌营造热卖氛围。

4. 制作店铺首页的规范流程

现阶段网店手机端访客是电脑端访客的 10~20 倍,大部分消费者已通过手机端购物。基于这个前提,以下介绍手机端首页设计,页面设计基本以手机的一屏长宽比为参考。

(1) 店招

先在 Excel 表格中列出设计框架与文案,如图 4-28 所示,再将其制作成效果图,如图 4-29 所示。

图4-27　超市型店铺排列

图4-28　店招框架与文案

图4-29　制作完成的店招

（2）首屏海报

先列设计框架与文案，如图4-30左图所示，再将其制作成效果图，如图4-30右图所示。

图 4-30　手机端海报制作

（3）优惠券

先在 Excel 表格中列出设计框架与文案，如图 4-31 所示，再将其制作成效果图，如图 4-32 所示。

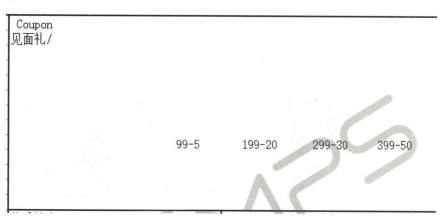

图 4-31　优惠券框架与文案

图 4-32　优惠券效果图

（4）分类

先在 Excel 表格列出设计框架与文案，如图 4-33 所示，再将其制作成效果图，如图 4-34 所示。

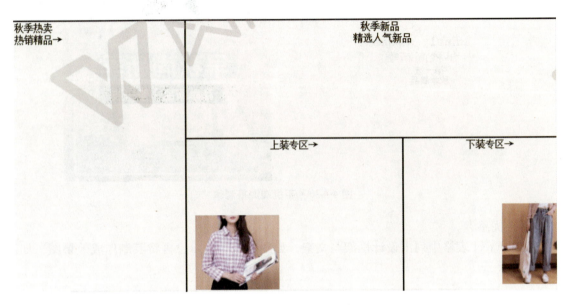

图 4-33　分类框架与文案

图 4-34　手机端分类效果图

（5）搭配推荐

如图4-35所示。

图4-35　手机端搭配展示效果图

（6）热卖款推荐

如图4-36所示。

图4-36　手机端热卖款推荐效果图

（7）专区介绍

如图4-37所示。

图4-37 手机端专区介绍效果图

（二）详情页架构

1. 详情页的作用

网店一个好的商品详情页胜过实体店一位优秀的销售专员，所以商品详情页需要同销售专员一样从消费者的需求出发，让消费者感受到这款商品就是"我想要的"。一般来说，消费者通过搜索最先进入的是商品详情页，浏览过之后才能进入首页或者其他页面。也就是说，流量首先进入详情页，消费者有可能进行下单完成转化，如果未转化成功，我们要将它再引导分流到其他商品的详情页进行转化。因此商品详情页的作用有以下两点：

①引起消费者兴趣和购买欲望，完成购买转化。

②将流量进行有效分流，完成关联促销或二次转化。

2. 商品详情页的基本信息

根据浏览习惯和网店的页面结构，消费者浏览商品详情页的顺序是从上到下，这就要求要在这个过程中将商品完整地展示给消费者。商品详情页中应该包含以下基本信息：

①商品展示类：色彩、细节、优势、卖点、包装、搭配、效果。

②实力展示类：品牌、实力、荣誉、资质、销量、设计、生产、仓储。

③吸引购买类：卖点打动、情感打动、买家评价、热销盛况。

④交易说明类：收藏、购买、付款、收货、签收、退换货、保障。

⑤促销说明类：热销商品、搭配商品、促销活动、优惠方式。

3. 商品详情页功能分解

将前面的商品详情页基本信息组合成模块，可以看到以下 16 个主要功能：

①商品整体图片：全面展示商品的整体效果。

②商品细节图片：从细节展示商品的部分效果。

③模特或使用效果图片：模特展示或使用效果、情景，展示商品的使用效果。

④广告图：卖点挖掘及促销图，卖点打动，引起消费者情感共鸣。

⑤SKU 属性：以文字或图片、表格等多种形式说明商品的材质、规格尺寸等信息。

⑥商品介绍：以巧妙的文案介绍商品。

⑦商品使用说明：使用流程介绍、洗涤方法及商品使用注意事项。

⑧商品卖点：以细节图片和文字放大商品的卖点，一般是工艺、材质等细节说明，让消费者更多地了解商品的特性，或者从商品使用者即买家身上挖掘他们购买这款商品时的内心需求，挖掘更深层次的卖点。

⑨商品类比：与同类商品比较，挖掘本商品相对其他商品的优势。

⑩口碑：展示出售记录、好评如潮、买家评价、热销盛况。

⑪真人秀、真人示范、达人秀、直播。

⑫包装展示。

⑬售后说明。

⑭企业文化展示、品牌文化展示。

⑮关联促销、搭配套餐。

⑯活动图片：店铺活动、优惠活动、其他促销活动等。

以上是商品描述里常见的一些形式，不排除还有更多。这些模块不一定全部都要堆砌在商品描述页里，可以针对不同的商品选择不同的模块进行组合。

4. 模块排序

如何让排序后的详情页达到更高的转化率？首先就要分析消费者的心理需求，这是一个递进的过程。比如小张想在超市里买一个电热水壶，走到电器区一看，正好看到一个电热水壶的外观是自己想要的，这就相当于在详情页看到的整体图片。接下来，小张拿起来看一下电热水壶的细节、做工，这就相当于商品详情页中的细节图片。在前面都觉得不错的情况下可能会去留意它的功能如何、是否防干烧、是否使用安全、使用说明等，这就相当于在看详情页中的商品介绍。如果这些都符合小张的需求，之后他应该会再看一下商品的售后服务，是不是有保修，是不是有维修，万一质量出现问题会不会有全国联保等，还会关心全国的售后网点在哪里，是否在其所在的地区就有。如果这些都没有问题，这时小张差不多会购买了，但是有可能他还会再考虑一下。如果宝贝详情页中再加上公司的实力、品牌，增加信任感，小张的购买意向就会更高一些，此时再加上促销活动，就会大大提高小张下单购买的转化率。

这是一个有刚性需求的消费者，也就是必定需要购买一个电热水壶的消费者会产生的一个递进的心理过程。如果在消费者浏览的过程中，商家将消费者的这些顾虑都解决了，那么产生转化的概率就会大大提高。

不同类目的商品详情页模块有不同的排序方式，大部分注重商品外观的类目会用以上提到的排序方法。但像计算机硬盘这类的商品，因为其外观差不多，消费者会更关心其参数，这时就要把消费者最关心的点和商品最大的优势放在详情页最前列，让消费者一打开详情页，就能看到自己最关注的内容，并发现呈现的内容比想象中的更好，这样消费者就有更多的兴趣慢慢往下浏览，最后完成购买。所以设计师在制定详情页模块排序的时候，必须根据商品自身特性，将消费者最关心的内容展示在前面，激起消费者对商品的兴趣，从而下单购买。

5. 商品详情页设计要领

（1）商品主图的图片拍摄

除了图片清晰和真实展示，图片拍摄还要注意角度和景别。图4-38所示为多图展示功能。

①角度：多角度全面拍摄商品，有视频更佳。

②景别：被摄物在画面中呈现出的范围大小区别，分为远景、全景、中景、近景、特写。

图4-38 多角度多景别主图呈现

（2）展示商品的完整性

如图 4-39 所示。

图 4-39　展示商品的完整性

（3）展示商品局部细节

如图 4-40 所示。

图 4-40　展示商品局部细节

（4）搭配推荐，增加客单价

如图 4-41 所示。

图 4-41 搭配推荐

（5）展现品牌，引起消费者的购物欲望
如图 4-42 所示。

图 4-42 品牌介绍

（6）尺码及售后说明

如图 4-43 所示。

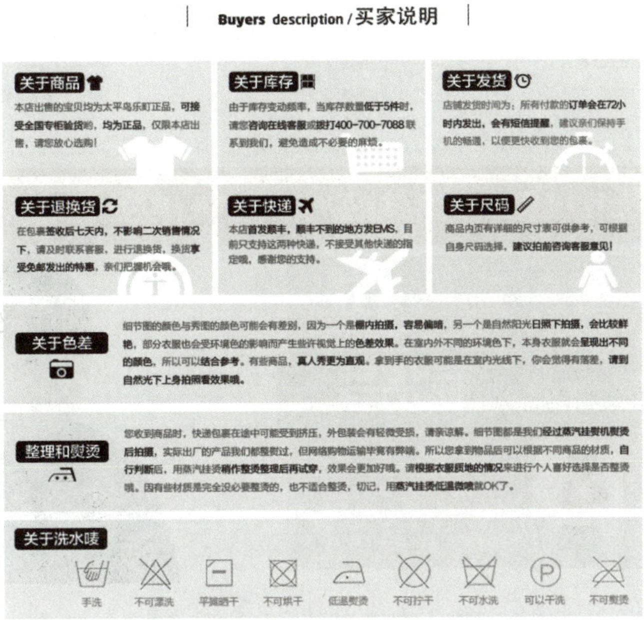

图 4-43 买家说明

（三）关联营销

1. 关联营销的概念

关联营销是什么？通常的做法是在一个商品详情页里，放另外几个新品或推广款商品的促销信息。因为我们无法保证每位消费者进入每一个商品详情页都能够产生购买行为，如果消费者浏览了详情页后发现商品不是他想要的，就可能会产生跳失，而且很难再进入同一家店铺，这时，我们就需要对这样的流量进行有效的分流，引导消费者去首页或者其他可能感兴趣的商品页面，从而产生购买行为，不浪费流量。常规店铺的关联营销如图 4-44 所示。

2. 关联营销的位置选择

如果某款商品页面的转化率偏低，我们可以把关联促销图片放在上面；如果某款商品页面的转化率很高，我们可以把关联促销图片放在下面。具体将关联营销板块放在上面、中间，还是下面位置，没有固定的规定，可以根据生意参谋软件里的单款商品消费者浏览深度和转化率来决定。

3. 关联营销的幅面控制

有些店铺喜欢把关联营销放在详情页第一屏的位置而且有三屏以上的长度，而真正要购买这个商品的消费者如果进来之后三屏都看不到商品，可能会直接点击到其他页面去，导致这款商品的转化率很低，都分流掉了。因此我们要控制关联营销，对于手机端来说，一屏足以。

图 4-44 关联营销——新品推荐、婴幼儿推荐

4. 关联营销的内容选择

消费者既然搜索进入这个商品详情页，那就证明消费者的需求是与这个商品相关的，如果觉得不适合，那么也会选择同类商品。因此，一般选择放置的关联营销商品，价位要与这个商品在类似的水平，不要在一个 40 元的商品详情页里设置关联 400 元的商品，这样的关联不会有太大的成功性。另外，关联营销放与此商品搭配的商品是不错的选择，服装类目多采用这种方法，如衬衫搭配外套、裤子，风格保持一致，这样的关联促销转化率很不错。如果是跳失率高或销量一般的商品详情页，就把店铺里热销的商品作为关联促销的内容。如果本身就是热销商品的商品详情页，就放与该商品相关的商品。同类商品可以相互关联，例如同一类别不同款式的女包，这样可以给消费者更多的选择，消费者不喜欢这个，也许会喜欢另外一个。总之，关联营销的内容要从消费者的角度分析消费者的心理需求。例如，他买了这个商品，还有可能喜欢哪些商品？或者他对这款商品不感兴趣？可能会对其他哪些商品感兴趣？不同的商品详情页可以放不同的关联搭配。

5. 关联营销设计步骤

①写关联营销的文案。

②制作关联营销的模板，如图4-45所示。

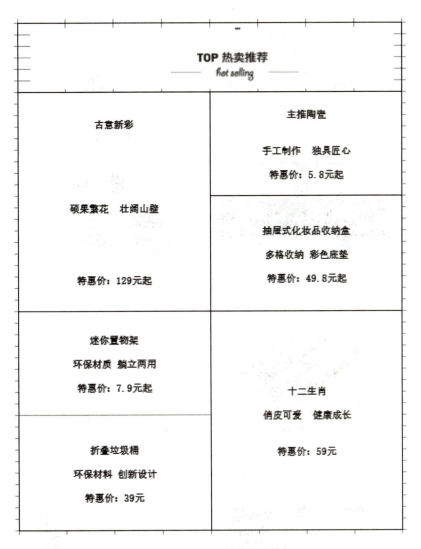

图4-45 制作关联营销的模板

③制作完整的效果图，如图4-46所示。

（四）商品描述的规范流程

1. 制作排版框架并完成效果图

（1）制作首屏海报

如图4-47所示。

图 4-46 关联营销效果图

(2) 工艺面料及尺码表

如图 4-48 所示。

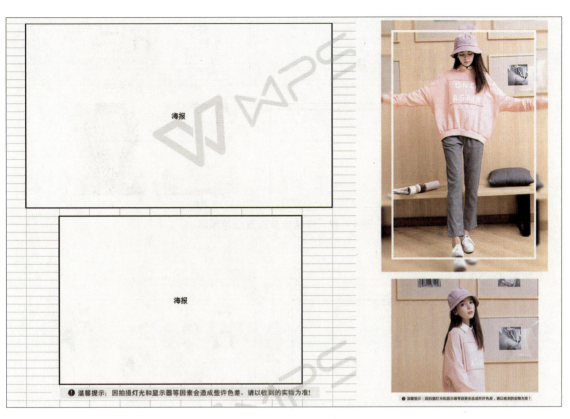

图 4-47 单款宝贝详情页首屏海报

图 4-48 工艺面料及尺码表

(3) 模特信息及颜色展示
如图 4-49 所示。

图 4-49　模特信息以及颜色展示

（4）模特及细节展示

如图 4-50 所示。

图 4-50　模特及细节展示

（5）对做好的详情页进行切片处理

如图 4-51 所示。

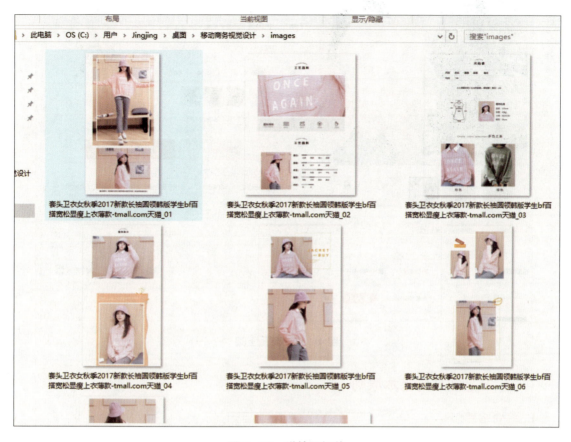

图 4-51　详情页切片

（6）商品上架

如图 4-52 所示。

四、商品陈列

商品陈列是百货行业一个非常重要的销售环节。不同的陈列方式会营造出不同的销售氛围，不同的销售氛围会让消费者产生不同的消费心理状态。实体店合理地陈列商品可以起到展示商品、刺激销售、方便购买、节约空间、美化购物环境等各种重要作用。据统计，实体店如能正确运用商品的配置和陈列技术，销售额可以在原有基础上提高10%。在商品陈列上采用不同的视觉传达方式，能将商品更美观地呈现给消费者，从而提升销售额。因此，网店的商品陈列设计也同样有着重要的作用，同样需要设计师掌握一些网页的基本陈列方式，在排版上展示商品和刺激消费。

图4-52 商品上架

（一）商品陈列的基本原则

1. 鹤立鸡群

在同一个区域，对于商品来说需要做好一定的主次之分。如果是新品销售前期，并不清楚哪款商品会更加有优势，可以把商品以同样的面积整齐地放置在一起，让消费者自行选择自己感兴趣的商品。在一个时间周期后，当后台的点击数据或销售数据反馈出某款商品更具有竞争力时，就可以调整区域的商品陈列，给予优势商品更大的区域和更醒目的设计，让该商品的优势扩大化。通过突出重点的陈列优化，爆款的销量得到进一步提高。

如图4-53所示，左边海报占据较大的面积，并有杏色底框来突出该款商品，在整张图片中，明显左边的海报更占据消费者眼球，这种突出某一重点款商品的陈列方式即属于鹤立鸡群。

2. 整体和谐

商品展示的品类和风格需要统一规范。同样是毛衣，可以把风格和款式类似的并列陈列在一起，这样可以达到磁石效应，将对某种商品有消费需求的消费者汇集到指定的区域，然后通过集中地展示潜在的商品，进一步提升销量。

如图4-54所示，将同样风格的秋季商品放置在同一个区域，不仅视觉上清晰舒适，方便消费者选择，而且可以通过这样平行的商品陈列发现更具有竞争优势的商品。

3. 显而易见

商品陈列的目的是促进销售，让自己的商品容易被消费者发现，以此激发消费者的购买

图 4-53 鹤立鸡群式商品陈列

图 4-54 整体和谐式商品陈列

心理。在同样的一个区域放置很少的商品,能够突出商品本身,但是会显得店铺商品不足,给人店铺冷清,没有多少人光顾的感觉;放置很多的商品,会扰乱消费者的视觉,消费者在短时间内很难找到自己满意的商品,反而会错失更多的商机。所以对于陈列来说,要做到突出商品,又要做到商品丰富多样,就需要合理地运用空间来分配商品与商品之间的间距。作为线上店铺的陈列,如图 4-55 所示,商品在空间、色彩以及模特姿势上都有一定的选择,能够很好地表现出商品的丰富性和多样性。

图 4-55 显而易见式商品陈列

4. 色彩冲击

对比色的色块放置在一起比较容易有视觉冲击力,吸引人的眼球,借助于这种视觉特征,可以设计比较吸引人的陈列方式。比如两款商品本身拥有对比色,类似于超市里故意将青苹果和红苹果放置在一起,这样的穿插陈列容易吸引消费者的注意。通过商品本身颜色的对比,同样可以引人注目,如图 4-56 所示的商品陈列,衣服本身的粉色、黄色和红色形成色彩对比,这样陈列,就是运用不同的色块吸引消费者的关注。

图 4-56 色彩冲击式商品陈列

5. 关联陈列

如果服饰店铺里面某一款外套卖得非常火爆,其他外套努力展示和推荐,也不见得有效果,试问此时给这款外套详情页做一张海报,页面里放其他款的外套好还是这款外套的内搭和搭配裤子好?答案显而易见。当进入店铺的大部分消费者都喜欢选择这款外套时,那么他们需要的是搭配这款外套的更多穿搭方法,而不是其他款的外套,所以关联陈列在这里就显得格外重要。同理,通过关联陈列,能够让店铺引入的访客流量最大化地利用,既能提高客单价,也能够进一步提升销量。

(二)品类规划

在前期了解商品陈列的一些基本原则后,需要对品类的规划做一些更深入的了解。页面装修上不仅要做到美观,更需要科学地将店铺拥有的核心竞争通过视觉直观地展现给消费者。

就页面来说,服饰类店铺(裤装专卖店除外)的页面应该优先展示上装,然后根据自己店铺现有的商品展示下装、服饰配件等其他品类的商品。这样比较符合大部分消费者的购买逻辑。根据商品单价,将一些价格相对高一些的商品放置在页面偏上的一些区域,那么页面偏下的那些售价较低的商品会更加容易销售。因为高单价商品已经给消费者该品牌的价格印象,所以页面下部放低单价的商品会显得更加便宜,从而更加容易让消费者产生划算的感受。

品类排序不仅从消费逻辑上影响着消费者的消费需求,也通过价格因素影响消费者的消费心理。所以设计师在做页面布局时要适当地对商品种类、特征进行熟悉和了解,如果有条件应该和商品经理或者该行业的资深人士进行一些交流,这样才能根据自身店铺的实际情况,有针对性地对店铺的品类在首页上做好合理的布局。

如何做好品类排序呢?首先以店铺的主营商品出发,按照商品的 SKU 比例进行页面布局面积的配比,重点突出主营商品。在页面布局上,可以根据商品的销售情况,将畅销商品放置于突出位置,给予常规商品常规的陈列。在页面的上方,还需要一个固定板块用作即时销售,现在经常用轮播板块实现此功能,这个板块更新商品的速度会快于其他的模块,主要是配合新品的促销,或者爆款的推荐,或者库存商品的清仓。除去这些特殊模块以后,品类的排序需要和分类里面的商品排序保持一致,即从主流销售商品到辅助商品。

一般来说,店铺页面靠前的商品普遍比页面中靠后的商品的销售情况要好一些。以商品的仓储情况为例,A 商品库存 500 件,B 商品库存 50 件,如果将 B 商品放置在页面上方,A 商品放置在页面下方,那么在商品处于相似的市场认可度的情况下,B 商品很快会出现断货,而 A 商品可能会出现积压。视觉设计师只是将两种商品进行位置的调整,就有可能会出现一系列问题。在比较合理的情况下,应该给予 A 商品更多的曝光率,适当地降低 B 商品的展现机会,以保证 A 商品不会出现过多的库存积压,B 商品也能降低断货的可能性,这样的页面布局可以让供应链以及仓储得到更好的资源配置。品类排序与运营紧密相关,店铺运营的方向、主推商品的确定以及视觉传达,都需要视觉设计人员和运营人员实时沟通,使视觉和运营达成统一性,视觉能够为品类的规划推广做好服务。品类排序与商品开发相关,对于商品的风格、材质、款式这些商品基本属性,需要视觉设计师与商品开发部门或者采购部门沟通,对于商品如何进行分类才能符合消费者的查找习惯,哪些元素更能赢得消费者的认可,商品的核心竞争力是什么,如何在页面中表达出来,以及怎么区分款式和风格,这些并不是视觉设计师所掌握的范畴,因此要达到商品开发和视觉传达的统一,视觉设计师同样需要商品开发部门的技术支持。品类排序与仓储相关，视觉能够影响到仓储的情况，所以在开始进行商品的品类排序规划时，也需要根据仓储情况进行调整。

品类排序规划，同样需要多个部门共同参与到视觉设计中，视觉的传达和团队发展方向的一致性非常重要。而在现实情况中，很多店铺在运营规划和视觉设计上有一定的关联，商品开发以及仓储等其他部门和视觉设计部门的沟通是脱节的，造成的现象就是商品在店铺里面规划混乱，消费者很难在一个清晰的板块里寻找到类似风格的商品。混乱的排序以及不规范的商品分布，导致很多有潜力的商品淹没在杂乱的视觉界面中，店铺的访问深度因此受到限制。在仓储上，因为视觉传达的不一致也会引起商品的积压。因此视觉设计师在关注视觉美化的同时，也要兼顾其他限制因素，这样规划出的品类才能更好地与店铺情况相匹配。

（三）搭配套餐

商品搭配是指将商品通过关联陈列的运用，针对有相似消费需要的人群进行研究和分析，将消费者潜在需要的商品搭配在一起，从而提升关联率，增加店铺的客单价。商品搭配不仅在首页上可以体现，最重要的是在商品详情页中的应用。消费者浏览了某款商品的详情页肯定有兴趣，那么就较容易接受这款商品的相关搭配。所以在店铺视觉规划上，商品搭配拥有着举足轻重的地位。化妆品类目是比较容易做搭配套餐的，以女士入睡前洗脸护肤为例，首先需要卸妆油卸妆，然后用洗面奶或者洁面皂清洗，再用爽肤水或保湿水，接着使用乳液以及面霜等护肤品。在这一整套洗脸护肤的过程中，需要的商品包含不少种类，而且每一类商品都有相对的效果。按照女士入睡前洗脸护肤所需要的商品，如果店铺内某款洗面奶销量不错，那么在首页展示该洗面奶的促销海报吸引更多消费者注意到这款洗面奶的同时，非常有必要在海报上推荐洗脸之后护肤的相关商品，既方便消费者查找商品，又能提高商品的连带销售。如图4-57所示的搭配套餐，中草药喷雾机搭配里面的必需品中草药药包，并可以得到优惠价格，这样一来，消费者多数愿意搭配购买，提升了店铺的客单价。

图4-57 搭配套餐

通过商品搭配推荐，让消费者在挑选商品时，不是考虑接下来买什么商品，而是考虑买哪一套商品更合适。因为很多女性在挑选到一件漂亮的裙子时，往往对搭配的上装会有犹豫，例如不知道配衬衣好看还是配蕾丝衫更加合适。对于很多女性的不确定性的消费，这种主动式的关联搭配就非常重要，如图 4-58 所示。

图 4-58 服装推荐搭配

从盲目的不确定性到有范围的选择性，完成这步让达成购买转化更近了一步。通过商品搭配，能够暗示消费者产生其他的潜在消费需求，并且运用搭配的折扣促销进一步刺激消费者的购买意向。这些消费心理的细节把握，在页面上通过视觉准确地传达给消费者，每一个细节的优化、转化的提升，都是商品搭配所需要达成的目的。

商品搭配的陈列方式一般分为并列式和递进式。

1. 并列式

并列式是最常规的一种商品搭配陈列方式，是将同类商品汇集在一起。比如服装店中的毛衣区，会把毛衣集中放在相近的展架上，想购买毛衣的消费者，就会在这个区域寻找自己想要的商品。并列式搭配的目的在于提升商品的丰富性，提升消费者对于该品类商品的购买率。在同品类商品充足的情况下，并列式搭配能够网罗更多的消费者。如图 4-59 所示，坚果零食的并列式搭配，不仅美观整齐，也可以让喜欢坚果食品的消费者有更多的选择，提升客单价。

2. 递进式

当商品和商品的使用之间存在一定的关联度时，适合采用递进式搭配的陈列方式。像化妆品、户外用品这些需要配套的商品类目来说，与其增加商品的宽度，不如升华商品的深

图4-59 并列式搭配

度。以户外用品为例,驴友到户外野营,在购买帐篷的同时也需要购买防潮垫、睡袋、充气垫、马灯等这些户外用品,因此在店铺里采用并列式搭配方式展示很多款式和风格的帐篷并不一定会带来成交,极少有消费者会一次购买两顶不同款式的帐篷。大部分驴友会在一家店里买齐一整套所需的商品,这样既可以有一定的优惠,同时也能够节省运费,省力省心。所以适当地并列展示帐篷的同时,更多地展示店铺拥有的其他配套设施,不仅可以体现店铺的商品深度,也能够给人以店铺专业、设备齐全的效果。类似于递进搭配的商品还有很多,这些商品拥有明显的关联度以及主次程度,通过核心商品的展示,再完善配套商品的展示。这种视觉搭配效果能够提升客单价,提高店铺转化率。

商品陈列是一门比较复杂的学科,它不仅需要掌握色彩、空间设计、形象设计的知识,还需要对市场学、视觉心理学等多门学科进行学习和掌握。商品陈列不同于传统意义上的商品摆放或者排版,而是有目的性地进行商品陈列设计。

商品陈列不仅能够完成商品的展示,同时能够提升品牌形象,营造品牌氛围。在越来越多的品牌趋向于同质化的今天,运用商品陈列能够提升品牌的识别性。一个传统的商品摆放页面和一个耳目一新的商品陈列页面,带给消费者的心理感受完全不同。

商品陈列,可以培养消费者的审美观,提升消费者的消费能力,以此引发消费方式和购物理念的改变,也可以让店铺走出价格战的误区,维护好店铺或品牌的良好形象。

五、文案美化

(一) 文案字体

1. 文案字体的分类与常见类型

在对网店商品促销文案进行视觉设计之前,需要先了解字体设计。下面从字体的分类、结构特征、设计原理以及常用的设计规律等几个方面讲解字体设计的基本知识与技能。

字体是文字的外在形式特征。它是文字的风格，也是文字的外衣。字体的艺术性体现在其完美的外在形式与丰富的内涵之中。

字库即字体库，一般来讲，一款字库的诞生，要经过字体设计师的创意设计、字体制作人员一笔一画的制作、修改，技术开发人员对字符进行编码、添加程序命令、装库、开发安装程序，测试人员对字库进行校对、软件测试、兼容性测试，生产部门对字库进行最终商品化和包装上市等几个环节。对字体商家而言，推出一款字体，还要经历市场调研、专家研讨等环节，以保证推出的字库具有市场竞争力，同时，字体的字形以及编码，也要遵循国家语言文字的相关规定，保证字库商品符合标准。总之，开发一款精品字库，往往需要付出好几年的艰苦努力，是一项不仅投入各种人力、物力、财力，更需要充满激情和创造性的工作。在计算机操作系统中字体为 font，这类字体是电脑必用字体，存在于系统"fonts"文件夹里。

篆书、隶书、燕体、楷书、草书、宋体、仿宋体、黑体等分别是某类相似风格（也称"书体"）的许多个字体的集合，而不是一种字体。两位书法家写出来的楷书则可称为两种字体。宋体在电脑上就有中易宋体和新细明体等类型。图 4 - 60 是我们常用的字体库。

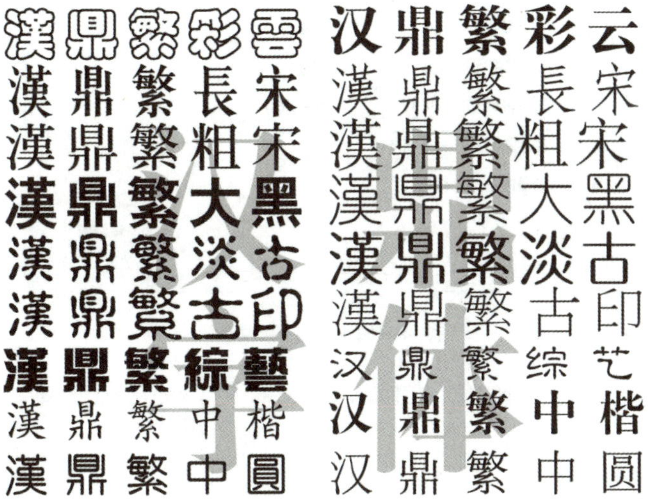

图 4 - 60　常用的字体库

2. 文案字体的风格

根据文字字体的特征和使用类型，文字的设计风格大致可以分为下列几种：

（1）秀丽柔美

字体造型柔美清新，线条流畅，给人以华丽柔美之感。此种类型的字体，适用于女用化妆品、饰品、日常生活用品、服务业等主题。

（2）稳重挺拔

字体造型规整，富于力度，给人以简洁爽朗的现代感，有较强的视觉冲击力。这种个性的字体，适合于机械、科技等主题。

（3）活泼有趣

字体造型生动活泼，有鲜明的节奏韵律感，色彩丰富明快，给人以生机盎然的感受。这种个性的字体适合于儿童用品、运动休闲、时尚商品等主题。

（4）苍劲古朴

字体造型朴素无华，饱含古时之风韵，能带给人们一种怀旧感觉。这种个性的字体适用于传统商品、民间艺术品等主题。

另外，汉字轮廓形似方块，但是由于笔画不同，字体轮廓的形状会呈现不同的形状，所以在视觉均衡上就会有些许视觉偏差，尤其是单体字和合体字组合笔画就会显得不好看。所以设计师要在不同形状的字形上做调整和处理，让文字看起来更加完整、均衡。

（二）促销文案的美化设计案例

第一步：在 Photoshop 软件中新建一个图像，宽度为 644 像素，高度为 214 像素，作为背景图层。如图 4-61 所示。

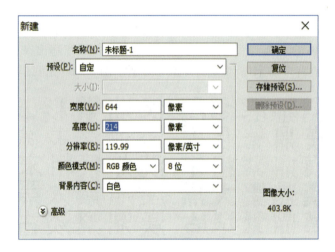

图 4-61　创建新文件

第二步：新建一个图层，填充颜色 RGB 值为 36、34、40，如图 4-62 所示。

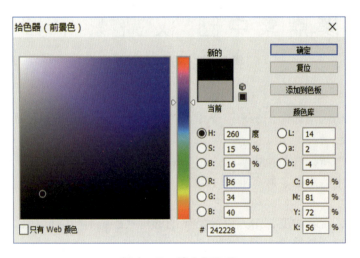

图 4-62　填充颜色值

第三步：创建一个新图层，运用单列选框工具与单行选框工具在图像的最左边和最上边进行白色线条修饰，步骤为单击"建立选区">编辑>描边>3 像素，如图 4-63 所示。

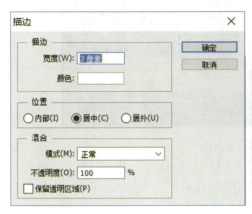

图 4-63　修饰线条

第四步：创建一个新图层，运用矩形选框工具绘制三种图像，RGB 值为 255、0、60，如图 4-64 所示，创建完成后效果如图 4-65 所示。

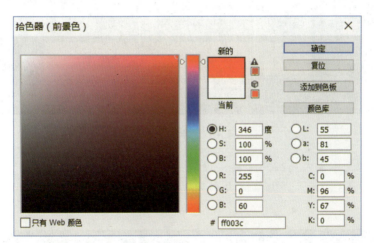

图 4-64　RGB 值设置

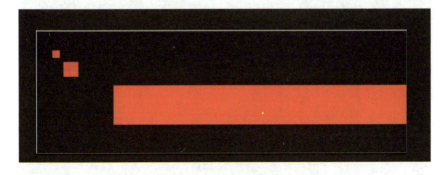

图 4-65　创建完成

第五步：绘制一个如图4-66所示的效果图。

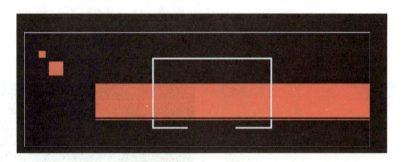

图4-66 效果图

第六步：单击"文本输入"，设置字体为"等线"，字体大小为13.5，设置为"加粗"状态。颜色为白色，其他参数默认，输入"有库有料！"，调整文字位置后如图4-67所示。

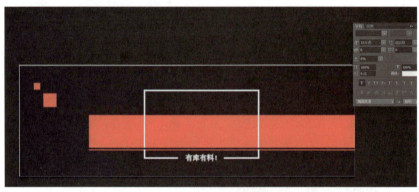

图4-67 字体的排版

第七步：选择文本输入与编辑工具，设置字体为"微软雅黑"，添加字体"时尚季/潮人专柜"，如图4-68所示。设置字体大小为32点，"加粗"状态，字符间距为-20，如图4-69所示。

图4-68 文字的排版

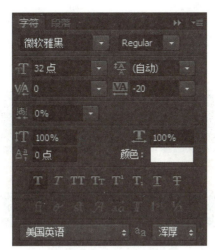

图 4-69　字体参数设置

第八步：在自定义形状工具中找出波浪线条，填充颜色 RGB 值为 209、66、120，如图 4-70 所示，效果如图 4-71 所示（滤镜＞模糊＞高斯模糊＞1.0）。

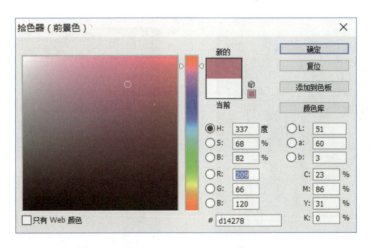

图 4-70　RGB 值设置

图 4-71　效果图

第九步：运用软件的文本输入工具，输入"更有优惠多多哦"，调整文字位置后如图4-72所示。设置字体为"宋体"，字体大小为9，字符间距为280，颜色为白色，其他参数默认，如图4-73所示。

图4-72 输入文字效果图

第十步：再次运用软件的文本输入工具，设置字体为"LeviReBrushed"，字体大小为30.91，字符间距为400，字体"加粗"，颜色为白色，其他参数默认，如图4-74所示。输入"FASHION"，调整文字位置后如图4-75所示。

图4-73 文字参数设置

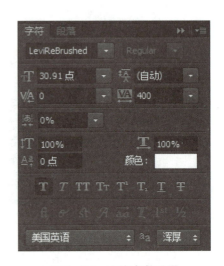

图4-74 文字参数设置

图4-75 文字效果图

六、视觉优化

（一）视觉优化的重要性

在电子商务时代，人们一般通过电脑、手机、iPad等终端设备进行商务往来。不论运用哪种终端，它们都有一个共同的特点，就是应用显示屏来展示所提供的商品或服务的说明。

在人们获取信息的认知过程中，那些"视觉化"了的事物往往能增强表象、记忆与思维等方面的反应强度，这一现象称为视觉化效应。同时，人们获取图片信息要比文字信息更迅速，并且印象更深刻。在网络销售中，我们常说"卖商品等于卖图片"。一张能抓住眼球的广告，可以轻松引来流量；一张创意感十足的直通车主图，可以轻松带来点击；一张核心卖点图片，可以更容易打动消费者；一套漂亮而到位的商品详情页，可以引来更多转化。因此，在网店中，每个成功视觉展示图片在呈现之前，都是经过精心策划与设计的。

（二）网店活动视觉优化

活动视觉，首先要应景，即充分考虑活动的主题，认真策划并用恰当的色彩、风格，最终达到店铺或品牌营销、吸引流量、提高销售的目的。无论是某个节日的活动、周年庆的促销，还是平台或类目的主题活动，或是店内活动等，视觉表现上都会有不同的风格，但核心还是有创意、有特色、有促销、有力度、有广度。

1. 活动的分类

（1）时令促销活动

这类活动主要是节日、季节等促销活动，包括平台官方活动以及店铺自身活动。官方活动正常由网站营销，市场推广部整合运营，针对平台所有会员。

（2）热门主题活动

这类活动主要和时下线下热门活动或事件一致，比如奥运、世界杯，或是官方、类目专题活动，比如天猫上新、数码节、户外专场等活动。活动正常由网站类目发起，针对部分特定类目会员。

（3）店铺自身主题活动

这类活动主要针对自身商品的特点，结合店庆、节日、创意活动等方式，阶段性地策划各类创意主题活动。

2. 活动方案的规划步骤

（1）卖什么

找到消费者的利益点，抓住商品的核心卖点，用最好的方法表现出来。

（2）卖给谁

明确商品消费人群，包括考虑到活动价格的调整、可能扩大或影响到的消费人群。

（3）运用什么促销策略

折扣、满减、买就送、礼品、抽奖、其他附加值等。

（4）如何推广

例如，淘宝站内推广包括直通车推广，钻展推广、淘宝直播、淘宝达人、帮派、店铺动态等淘内 SNS 营销推广，店内活动气氛及关联推广等。淘宝站外推广包括其他相关类目 App 和网站、论坛、贴吧、博客、微博推广、淘宝客、淘宝联盟、其他推广方式。

老客户关系营销包括微博、微信、QQ、邮箱等。

（5）预算多少

做任何事情都要考虑投资回报率、投入产出比。预算包括活动成本、前期推广费用、商品利润率、促销奖品等，还要考虑到人力成本、物流成本。

3. 活动视觉设计实施步骤

（1）方案头脑风暴

策划人员拟出活动方案初稿，和设计师一起头脑风暴，产生创意灵感。

（2）确定设计思路

策划人员确定活动方案详细框架，确定投放广告的位置、尺寸及投放时间，并让设计师明确本次活动的意义。

（3）确定设计风格

设计师根据创意点，收集设计所需的素材，结合必要的数据以及活动期望达到的效果页面参考，最终确认设计风格。

（4）设计活动频道

设计师根据整体风格与思路，设计活动页面的内容。

（5）设计活动其他推广图片

参照有意向的页面效果和风格，讨论具体推广图片的排版。

（三）网店活动视觉优化案例

图 4-76 所示为婚礼活动专题。图中首焦海报主题为"赶在 2018 前，我们结婚吧！""幸福不打折"，吸引一部分即将结婚的新人点击了解详情。

图 4-76　婚礼活动专题

本期专题活动以"结婚"为主题，将包含婚纱及配饰（如图 4-77 所示）、代表恒久爱情的钻戒（如图 4-78 所示）、蜜月旅游（如图 4-79 所示）等一系列与结婚相关的商品做了主题整理，并为每个篇章都配上非常打动人心和值得期待的文案。

有了完整的策划和构思后，就要将它完美视觉化。好的文案，配上完美的视觉化呈现，必将让转化翻倍。

图 4-77　婚纱及配饰

图 4-78　钻戒

图4-79 蜜月旅行

第五章 品牌形象

品牌形象是消费者对传播过程中所接收到的所有关于品牌的信息进行个人选择与加工之后留存于头脑中的有关该品牌的印象和联想的总和。塑造品牌形象的原则为民族化、社会化、标准化（简化、统一化、系列化、通用化、组合化）、特色性、整体性、兼容性。品牌标志承载着企业的无形资产，是品牌综合信息传递的媒介。形象的标志可以让消费者记住品牌文化。

一、标志的意义及功能

（一）标志的意义

随着社会不断进步和发展，图像传达的作用也变成尤为重要。在现代社会生活中，标志作为商业性视觉象征符号，具有信息传达功能与识别特征。视觉化与个性化等特征使标志更具有独特的商业价值和社会功能，也成为一种独特的文化形式和营销手段。不同的标志有着不同的内涵，彰显不同的品牌理念，传递不同的信息。

标志是表明事物特征的记号。作为一种具有直观形象的符号组合形式，标志起着代表、象征、标识和区分某一事物的作用。从树立品牌形象的意义上看，标志设计是系统开端的重要内容，从视觉识别系统设计的意义上看，标志设计是系统中的核心要素，也是最基础的环节。

标志作为一种可以超越语言、国界、种族、文化、社会等因素的视觉传达方式，触及的领域由国家到个人，由文化到商业，由企业到生活，无处不在，已经渗透到人们社会生活的各个层面和领域中，对国家、社会、集团乃至个人的利益均显示出独特功能和重要的作用。

国旗、国徽作为一个国家形象的标志，具有任何语言和文字都难以确切表达的特殊意义。各种国内外重大活动、会议、竞赛以及交通运输、金融财贸、机关、团体或个人等都有表明自身特征的标志，如图5-1~图5-8所示。

交通系统标志、环境指示标志、产品使用标志、安全保障操作标志等，指导人们进行正常有序的活动，确保生命及财产安全，具有直观快捷的贡献，如图5-9和图5-10所示。

商标、店标、厂标等专用标志对于提高经济效益、维护企业和消费者权益等具有很大的实用价值和法律保障作用,如图 5-11 所示。

图 5-1 菲律宾国徽

图 5-2 柬埔寨国徽

图 5-3 哈萨克斯坦国徽

图 5-4 老挝国徽

图 5-5 美国财政部

图 5-6 美国教育部

图 5-7 阿里巴巴

图 5-8 百度

图 5-9　交通系统标志

图 5-10　安全保障操作标志

图 5-11　品牌标志

　　标志直观、形象，不受语言文字限制。这些特性非常有利于国际间的交流和应用，因此国际化标志得以迅速推广和发展，成为视觉信息传递最有效的手段之一，是一种人类共通的直观联想工具，如图 5-12 所示，不用任何文字就能感受到表达的运动主题。

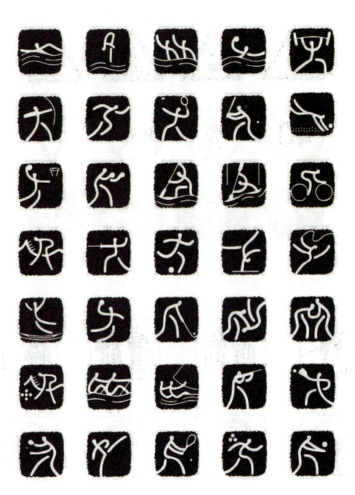

图 5-12 运动的国际化标志

（二）标志的功能

标志是具有特定内涵的视觉传达符号，其基本功能是以图形来传达信息。相对于文字语言来讲，它所传达的信息能更生动、更直观地表现其特点，成为重要的沟通媒介。

1. 视觉识别，视觉形象

标志有利于强化商品和企业的品牌地位，可以有效地增加商品的销量和市场占有率。好的企业或商品应该有好的标志和宣传，才能更有竞争力。在市场竞争日益激烈的今天，大部分消费者已养成认品牌购买各类目商品的习惯。

香奈儿（Chanel）是一个法国奢侈品品牌，"香奈儿代表的是一种风格、一种历久弥新的独特风格"，Chanel 女士如此形容自己的设计，并不是思索接下来要做什么，而是自问接下来要以何种方式表现，这么一来鼓动将永不停止。热情自信的 Chanel 女士将这股精神融入了她的每一件设计，使 Chanel 成为相当具有个人风格的品牌。消费者选择了 Chanel 品牌的产品，就等于选择了这样的一种独特风格。其标志如图 5-13 所示。

耐克公司一直将激励全世界每一位运动员并为其献上最好的商品视为光荣的任务，耐克的语言就是运动的语言。五十年过去了，公司始终致力于为每个人创造展现自我的机会。耐克深知，只有运用先进的技术才能生产出最好的商品。所以一直以来，耐克公司投入了大量的人力、物力用于新产品的开发和研制，耐克首创的气垫技术给体育界带来了一场革命。耐克这种运动活力的品牌形象吸引着消费者，使其深得人心，赢得市场。其标志如图5-14所示。

图5-13 香奈儿标志

图5-14 耐克标志

2. 传达信息，便于交流

标志以独特的视觉语言阐述其所代表的含义，使交流变得愈加简便，超越国界和民族语言界限的特殊传达功能，表现商品的性质和特点的优越之处，使之成为沟通的媒介，为企业建立信誉和销售创造了良好的条件。如图5-15所示，从标志的轮廓和色彩能看出是乐园，很有辨识度。

3. 突出特征，利于竞争

标志以其鲜明强烈的个性和完整的艺术形象表现出独特的吸引力，当消费者面对大量充斥市场的商品不知所措时，标志可以凸显出来，用独特的设计创意和表现，实现差别化战略。个性明显、视觉冲击力强的标志会首先吸引消费者的眼球，美国NBC电视台的Logo孔雀之所以是彩色的，是因为20世纪50年代的NBC为RCA所有，他们刚开始制造彩色电视，所以想让那些看黑白电视的人知道自己错过了彩色的精彩，如图5-16所示。

图5-15 欢乐谷标志

图5-16 NBC电视台标志

二、标志设计的创意策略

标志设计要求我们用最简洁的图形传递丰富的信息。我们要表达的信息量往往是比较多的,所以必须找出最有价值的信息作为设计源点,再进行延伸。通常有以下几种方法可以采用。

(一) 以品牌或机构名称为主体展开创意策略

对主体名称的字体进行艺术化的处理,这种创意策略在标志设计中比较普遍应用,具有很强的识别性。文字图形是最具有可读性的视觉符号,观者可以通过标志本身直观地读出品牌或机构的名称,记忆效果强,如图5-17所示的IBM标志,非常具有可识别性。

图5-17　IBM标志

(二) 根据品牌名称的直观形象进行创意策略

有较多品牌或机构采用直观的形象作为自身的标志,这类标志常以具象的形式表达,有较强的个性和识别性,不易雷同。如图5-18所示的肯德基标志和图5-19所示的王致和标志。

图5-18　肯德基标志　　　　　图5-19　王致和标志

(三) 围绕品牌名称的内涵展开创意策略

品牌或机构的名称都有其自身的内涵,设计师在设计标志的时候,要挖掘其名称的深层内涵,寻找灵感并将其体现在标志中,从这个角度设计出来的标志具有丰富的内涵,并且可以经得起时间的考验。如图5-20所示的同济大学校徽:其中的数字1907,表明建校年代;前进的龙舟,象征历史沿革的进程;三人划龙舟,昭示三人成众,同舟共济,向着一流目标奋力拼搏。整个校徽传达出的精神是:同心砥砺,同窗求索,为振兴中华而读书;济愚扶弱,济世兴邦,为富国强民而育人。

图5-20　同济大学校徽

（四）以行业特有的典型元素展开创意策略

以行业特有形象作为创意源点的标志具有典型的行业代表性，如五金业常以齿轮或工具形象为代表，畜牧业常以动物形象为代表，房产业则常以高楼形象为代表。这些形象看似相似，但能得到广泛的认可表明都有其别致性。要做到这点，关键在于进行巧妙合理的使用，同时也需要设计师在原有图形的基础上开创新的具有行业特征的图形。如图5-21所示，四大银行的标志就是用金融业的典型元素——铜钱进行设计的。

图5-21　四大银行标志

（五）围绕历史或地域特色进行创意策略

以历史或地域具有特色的典型元素展开创意策略，有较强的知名度和广泛的认知度，常用于非商业标志，以体现出地域特色或民族色彩，如加拿大的枫叶，中国的长城和龙，日本的富士山，悉尼的歌剧院，等等。如图5-22所示的华夏银行，它的标志以龙为形，玉龙为国宝，为辽西建平牛河梁新石器时代红山文化典型器物，玉龙由碧绿色辽宁岫岩玉精雕细琢而成，距今约五千多年，被誉为华夏远古第一龙。龙是华夏民族创造的体现民族精神之魂的寓意性形象，搏击四海、升腾向上的龙是华夏银行的精神象征；标志的外形以新石器时代的玉龙为基本原形，借毛笔韵味书成，并作图案化处理，使之更加简洁鲜明，显示华夏银行丰富的文化底蕴。

图5-22　华夏银行标志

三、标志的设计及制作

（一）标志设计的草稿

草稿是把思维活动变成具体事物的一个步骤，是把思维活动进行具体化的一个重要阶段。设计师在思考创意的过程中，许多稍纵即逝的灵感和想法是在描绘草稿的过程中产生的。在草稿阶段一般以手绘的方式来表达，因为脑和手之间是有默契的，而且手绘可以随心所欲，最早的草稿倘若使用电脑会导致形态僵化呆板，存在思路被限制的可能性。

草稿绘制主要是为了抓住思路的主体感觉，用简单的线条把思考创作时思维中闪现的灵感和想法表达出来即可。这样一来，思考的过程就会留下大量的可视形态和造型，可以此为基础从各个方面尝试各种设计的可能性，从而更容易找到最佳体现主题的可能性。草稿阶段应该将注意力集中在立意和创意点上，且以简练的造型多角度地诠释创意和描绘造型。在时间和条件允许的情况下，通过草稿运用发散思维推敲，可以有效地为方案的选择与确定提供基础。如图5-23所示。

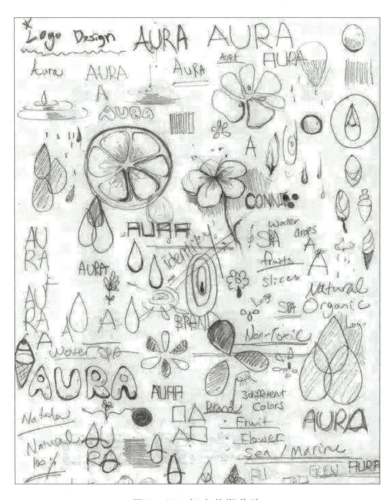

图5-23 标志前期草稿

接下来就是进一步完善草稿的设计。这时可以用具体的形态或色彩来探讨标志的组织结构和表现方式，对标志的基本理念、方向、表现手法、设计细节等方面作更深的思考，用灵活多样的表现方式来表达设计师的理念。此阶段的草稿应该细腻而严谨，达到相对完整的状态，也可以利用此阶段的草稿进行沟通和探讨，通过多样性的有建设性的草稿推测客户对各种设计思路的看法和意见，为最终确立方案提供方向和依据。草稿不一定是最终的设计，但是最终的设计会有草稿的过程。

1. 标志由草稿到设计

通过对草稿的初步筛选，暂时确立该标志设计的发展方向和重点，下一步就是如何准确生动地完善造型。设计师可以从整体性的角度思考，突破常规思维和形象模式，以独特的视角和创新意识去发掘标志形象的特征，通过反复选择、概括和提炼找出该标志的具体形式和造型，这样标志的形态才能随着设计师对主题不断深入的理解而逐步完善。

2. 确定完整造型

标志的完整造型不是指其形态是否描绘完成，而是指其自身造型的各个方面是否已经达到最佳状态，以及是否能表达出设计师想要表达出来的意图；同时还要审视标志形象与主题是否贴切，造型是否有代表性和独创性，图形的色彩是否完善，整体造型是否便于应用和传播。

3. 选择适宜的设计形式

在造型美观的前提下，形态的面积、比例、间距、大小、粗细、结构等是否恰当，风格是否贴切，各元素之间的组合是否协调，细节和质感是否到位，标志是否有一定的视觉冲击力，这些适宜的形式可以增添标志的美感，完善其表现形式。

4. 形态和主题的合理关系

确定主题后应该积极寻找适宜的造型和形态以满足理念的需要。在设计的过程中，形态的变化要依据主题的出发点来展开。形态和主题二者是相互促进的，设计师应灵活运用视觉造型手段，传达出主题的理念。

5. 图形的符号化特征

任何形式的标志的根本属性都是图形，但不是所有的图形都具备标志的特征。图形和标志之间本质的区别是，标志特定的图形形式必须具有专有性和排他性。当一般的图形、图案具备了符号化特征时，标志的这种特征就显现出来了。符号化的图形一般需要具备以下几个特定的条件：

（1）概括性

不管是抽象的图形还是具象的图形，都不是以表现其描绘物为目的。标志的社会属性决定了标志是某一事件的视觉标识而不仅仅是图像，所以在确定标志的造型和形态时要抓取最关键的因素，忽略或者去除多余的部分，只保留与主题相关的内容。

（2）特定性

标志中的图形是专有的、特定的，要让图形具备特定性，就要从被描绘物的基本特征去考究，然后挖掘和提取特定因素，使其满足个性化的造型需要。有时候，设计师为了表现强烈的个性，还要去夸大其特征以强调该造型和形态所具有的特定性。

（3）抽象性

抽象这个词，并不是一种完全与具象相对立的造型手段，也不是完全空穴来风的造型。具有抽象性的图形，其自身形态也可能是一个具象的事物。具备该特征的图形即便是一个具象事物，也无法在生活或现实世界中客观而真实地存在，所以经过设计后的事物，已不再是之前的图形，它将具有新的目的、功能和特征。

具备上述三个特点的图形具有标志的基本特征，更有成为一个好标志的可能性。这三个特征或手段，会以不同的方式出现在标志的设计中，有些特征会比较鲜明，有些特征则不太明显，但都会同时具备。总之，运用图形的符号化特征是标志设计的一个基本能力，需在实践过程中反复推敲，才能更深刻地体会到符号化对于标志设计的重要意义，从而设计出更好的标志作品。

（二）标志的制作

设计师在制作标志的过程中一般可分为以下两个基本步骤。

1. 草稿录入

一般会通过扫描仪将方案草稿录入电脑中。使用扫描设备输入草稿，是为了在电脑软件中描绘标志形态，也可以直接在扫描后的电子草稿上直接描绘创作。有些设计师经验比较丰富，会参照手绘草稿直接在电脑中制作标志。不过，还是有不少资深设计师依旧喜欢遵循草稿、扫描、制作这个设计步骤，因为仅用电脑制作会出现软件对于一些曲线的描绘丢失一些细节的可能性，使标志效果没有手绘的丰富细腻。

有一部分设计师习惯使用数字绘图板完成标志草稿的基本描绘。数字绘图板跟手绘图形有些异曲同工的地方，具有良好的自由度，既方便修改也能快速完成标志的形态。数字绘图板具有软件的功能，能很好地模仿各种画笔工具所特有的笔刷效果等，对于标志的表现形式有更多的可能性。

草稿的电子化过程可以根据设计师的意图或习惯自主选择，没有死板固定的步骤，但不论哪种形式，都是为了创作出自己最满意的效果。

2. 电脑软件制作与输出

在电脑软件的帮助下绘制标志形态，能充分利用软件的各种功能，获得最终的标志造型。有的设计师擅长使用哪个软件就无论做什么都用该软件，这是不太专业的工作方式。不同的软件具有不同的功能和特点，就标志设计而言，比较适合的软件应该对其所定义的文件方式的描述是矢量的、可输出的、可方便修改的，目前，国内设计师常用的图形制作软件有Adobe Illustrator，CorelDraw等平面矢量软件。矢量化描述方式可以十分细腻地通过节点和曲线实现各种形态，通过这样的软件制作出来的标志可以细致地描绘形态，反复地修正线条并实时添加各种线或面的色彩和效果，甚至可以模拟立体的、三维的效果，十分适合平面图形以及标志的制作要求。矢量文件还可以满足几乎任意缩放和制作要求，而不损失任何文件内容，十分方便快捷。图5-24所示是支点公司标志从手绘草稿到电脑制作的完整过程。

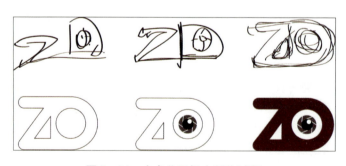

图5-24 支点公司标志制作过程

利用电脑软件进行标志的创作，一般更多体现的是制作、修正和比较的过程。标志的设计更多考验的是设计师独特的立意、创新的图形和特有的目的，而片面地依靠软件功能表达效果来设计标志，实质上设计工作并不是由设计师来实现的，这样的标志作品往往是效果和功能的堆砌，不仅不利于设计师标志设计能力的积累和提高，而且会造成对标志设计不够正确的理解。所以在制作过程中，应该将重点倾向于创作过程中对标志方案的把握、调整和实现上，适当地利用现代数字工具的快捷与便利缩短制作过程，节约制作精力，更高效率地完成标志制作过程，并将精力投入方案的最终选择与确立的环节中。

四、动画制作的流程

（一）前期

1. 策划

进行动画制作之前的准备工作一般被称为"策划"。前期策划阶段准备到位与否会关系到一部动画片的成功与失败。一般影视作品策划新片时，制作负责人会将投资人、编剧、导演、动画制作负责人、制片剧务、市场营销等相关人员召集到一起，充分了解主办人的期望与观众的意向，共同讨论并编写故事大纲，考证故事的时代背景、内容，确定影片风格，设计编排有特色、有个性且能够与市场结合的角色造型，确定作品的方针和放映时间，并预算制作费用等。影片内容可以根据一个题材或故事或传说等进行改编，也可以是原创（剧本写作要适合动画语言及技术的表达），用最精练的语言描述未来影片的概貌、特点、目的以及影片将会带来的影响和商业效应，并交给投资方和管理机构审批。

2. 文学剧本

文学剧本是指把选定的题材整理成文字类的脚本，主要包括情节的发展和人物的对白等。动画片文学剧本是按照电影文学剧本的写作模式创作的文字剧本，是制作动画片的基础。它把出场人物的台词、动作、剧情用文章的形式表现出来，也包括人物性格特征、服饰道具以及背景等描述，要求故事结构严谨，情节具体详细。

3. 文字分镜头剧本

文字分镜头剧本是将动画片文学剧本分切为一系列可供拍摄的镜头剧本。导演根据自己对剧本的研究和构思，将动画片文学剧本所提供的艺术形象和故事情节进行增删，将需要表现的内容分成若干镜头，每个镜头依次编号，规定长度，注明各个镜头画面内容、台词、音响效果、音乐制作要求，制作组的各个创作部门以此作为创作依据。

4. 角色设计

角色是一切动画片中最基本的要素。没有规定的背景或主题，故事照样可以存在，但是很难想象一个故事中如果没有一个中心角色，将会出现怎样的情形。因此，所有动画片最主要的工作之一就是创作适合剧情的角色来组成动听的故事。

完美的角色设计师是制作能够吸引观众的成功动画片的重要环节。角色设计师不但要具备丰富的生活阅历和敏锐的市场观念，能够完全掌握动画的特性，并且还要思维灵敏，想象力丰富，这样才能创造出充满活力、有个性（内在思维）、有特性（外在形态）的造型。如果原作品是漫画杂志，它的主人公及人物造型也是原作者设计好的，那么造型设计者要在原造型的基础上进行省略和修饰，把这些漫画化形象改变成动画的人物造型；如果是原创造型，就要求将作品中的人物性格、特征以及具体的、生动的、具有说服力的造型表现出来，不但要符合动画片的动作要求，而且要符合动画片的整体美术风格，有强烈的个性特点，能给观众留下深刻的印象。

造型设计的任务包括：角色的标准造型、转面图（通常包括正面、侧面、背面）、结构图、比例图（角色与角色、角色与景物、角色与道具之间的比例）、服饰道具分解图、形体特征说明图（角色所特有的表情和习惯动作）及口型图等。

造型设计要求影片制作过程中保持角色形象的一致性，这对于性格塑造的准确性和动作描绘的合理性都具有指导性作用。一部动画片的人物造型一经确定，每一角色在任何场合下的活动与表演都要保持其特征与形象的统一。

5. 场景的设计与绘制

场景也就是影片中的背景。一般都会先绘制一个大场景的平面图，然后对各个小场景分别进行绘制，包括场景的色彩气氛和场景中的物体结构等。

场景设计师根据剧本内容和导演构思创作动画片场景设计稿，包括影片中各个主场景色彩气氛图、平面坐标图、立体鸟瞰图、景物结构分解图。它给导演镜头调度，运动主题调度，视点、视距、视角的选择以及画面构图，景物透视关系，光影变化，空间想象提供依据，同时也是镜头画面设计和背景绘制的直接参考物，起到掌握整体美术风格，保证叙事合理性和情景动作准确性的作用。一部动画片的美术风格很大程度上依靠场景设计来体现。

6. 画面分镜头剧本

画面分镜头剧本是动画片特有的以画面及文字示意的分镜头剧本。根据文字分镜头剧本，设计出全片每个镜头连续性的小画面，其画面内容包括角色运动、背景变化、景别大小、镜头调度、光影效果等视觉形象；另外还要有相应的文字说明，如时间设定、动作描述、对白、音响效果、镜头转换方式等。画面分镜头剧本工作细微、复杂，通常是由导演及其助手来完成。画面分镜头剧本相当于未来影片的预览，也是动画片的总设计蓝图，是导演用来与全体创作组成员沟通的桥梁。

（二）中期

前期准备工作做好之后即开始进入动画制作阶段了。在动画制作前先将尺寸设置好，因为动画主要是作为视频播出的，所以对画面的尺寸都有严格的规定，一般情况下是720mm×576mm。然后就是按镜头表，在尊重脚本、尊重导演的基础上发挥想象，让一个一个令人满意的动画诞生。

1. 设计稿

设计稿是根据动画片画面分镜头剧本中每个镜头的小画面来放大，然后加工成精细画稿。在放大时要求考虑镜头形态的合理性、画面构成的可能性以及空间关系的表现性。设计稿要有画面规格设定、镜头号码、背景号码和时间规定等标准。

设计稿一般由两部分组成：一是角色人物动作设计稿，要画出活动主体的起始动作、运动轨迹线以及动体最主要的动态和表情、动体与背景发生穿插关系时的交切线；二是背景设计稿要按照确定的规格画出景物的具体造型、角度、移动或推拉镜头的起止位置。

设计稿是一系列制作工艺和拍摄技术的工作蓝图，其中包含了背景绘制和原画设计动作时的依据以及思维线索、画面规格、背景结构关系、空间透视关系、人景交接关系、角色动作起止位置以及运动轨迹方向等因素，是后面诸多工序的依据。

2. 动作设计

原画是制作动画片的核心，在工作之前由美术设计向原画师提供每个镜头的设计稿。原画设计要按照导演的意图，根据镜头设计稿的要求，设计每个镜头的关键动作，给动画人员画出运动的要点，标出中间应加几帧动画，同时填写摄影表。原画人员相当于电影中的演员，他赋予角色生命，将之塑造成会说话、会思考的生物或非生物。他是动画片制作的灵魂人物，当然也要服从导演的整体把握。原画人员是每个角色的主要设计人，一般不会直接将动作完全做出来，通常只绘制一个动作的起始、中间及尾端，再进行编码，并填写摄影表，其他的如修型及中间动画人员等则由助手完成。原画决定动画片中动体的动作幅度、节奏、距离、路线、形态变化等。

角色的动作是否具有表现力和感染力与原画设计有很大的关系。修型的主要工作是清稿，因为原画的画稿多是草图，重动作准确而不重画面细致，所以一般由助手依照造型蓝本，将线条正确清晰地整理出来。动作原画设定动作所需要的中间过程由中间动画人员来完成。

动画工作需要配合原画设计去完成一个复杂的动作过程，除了包括中间画的基本技法，还必须具有一定的艺术创作要求。因此必须掌握动作过程的形态结构、透视变化及运动规律等各种技巧，用准、挺、匀、活的动画线条一帧一帧地画出每个细小的动作。

动画本身是连接原画之间的变化关系的过程画面，并且要保证顺序号码的准确，同时要认真解读摄影表的具体要求。

3. 背景

背景人员按照设计稿要求，根据美术设计提供的场景气氛图，逐个镜头绘制出角色活动的背景画面。背景绘制接近绘画技巧，虽然现在很多步骤采用电脑操作完成，并有相对快捷的优势，但背景绘制作为传统手段显得更自然、丰富。虽然更接近绘画，但背景并不是独立存在的绘画作品，只是镜头中人物活动的陪衬与环境交代，所以要求严格按照设计稿规定的景别、角度以及结构框架绘制，绝对不允许超出规定范围任意发挥。

4. 描线上色

传统意义上的描线上色方法是将每一张铅笔动画稿转描到透明的赛璐珞片上。首先将镜头中的每一张画面，用同样规格的透明片套在定位尺上，逐张描线，描线完成以后，再在反面上色。不过现在的动画公司一般都采用电脑描线上色，上色不再跟从前一样是一件复杂而繁重的工作，不用担心色涂在线条范围之外，避免了颜色涂得厚薄不均匀、发毛以及油污和手印、划痕的出现。描线上色可以说是原画和动画的最后包装，也是运动主体的视觉包装，直接关系到影片的整体视觉质量。

（三）后期

后期制作基本上就是给完成的动画片加入音效、场景音乐、对白、配音等。这个制作阶段可以说是对影片的再创作，它的每一道工序都影响着影片的最终效果，需要工作人员细心地一步步严格地把关。

1. 剪辑

目前动画片剪辑一般都使用电脑系统的非线性编辑方式，剪辑前把所有合成好的数字素材集中起来，存储在非线性编辑机的硬盘里，然后经过组合编辑，插入编辑和特技处理等，再加上字幕，形成一段视频影片。这种编辑方式不但速度快、效果好，还可以在画面上增加特殊效果，使影片呈现更多的变化与趣味感，有更多的可能性。

2. 录音工作

动画片对声音的依赖比一般剧情片要严重。影片剪辑结束后，如果采用的是先期录音的方式，则要求在非线性编辑轨上将视频与对白音频做同步对位；如果不是，则要进行事后配音及音效处理。

录音工作和常规电影基本相同，即根据片中的不同角色选择配音演员，按照全片的对白台本将样片分成若干段落；配音演员反复观摩样片，进行对口型的练习；各个角色的声音由配音演员塑造，并使其与角色融为一体。录音一般在专门的录音室，在导演的监督下进行，配音演员边看电视监视器中的样片边配音，配音完成时，配音也被录制成音频文件。

3. 音响效果

在非线性编辑音频轨道上输入配音的同时，也将音乐和音效的音频文件分别输入，然后反复浏览初步合成好的文件，再调整配音、音效效果共鸣以及强弱，使之达到理想的效果。然后大家会在演播室里预览审核整体效果，各自提出意见，对不满意的部分进行修改。等大家都满意后就刻盘，送到发行部。

第六章 促销海报设计

一、网络促销海报设计标准

海报在各个平台网站和实体商店到处可见,在网上购物平台琳琅满目的商品介绍中,什么样的图片能吸引消费者?什么是好的图片?好的图片尽管看起来各种风格调性都有,但其实具有一定的规律性,如图6-1所示。

图6-1 优秀的网络促销海报

(一)形式美观

形式美观这四个字是每位设计师做图片的基本要求,这个概念比较大,每个人对于美都有自己的一番见解,就像很多老板经常会要求设计师"高端大气上档次,字大一点,再大一点,颜色显眼一点",每位设计师听到这样"指点江山"的老板都"深恶痛绝",那么怎么才能表现出老板想要的高大上呢?

1. 文字

促销海报中除了商品图片,最引人注目的就是文字了。在一张促销海报中,文字的地位是数一数二的,有些巧妙的设计会使字体比商品图片更显眼。以下是几个字体设计的小技巧：

技巧1：将文字中有"尾巴"的地方变化成优美的曲线，并保持整个字体组合的平衡和韵律，如图6-2所示。

图6-2 "文字+曲线"促销海报

技巧2：将图案与文字相结合，组合成新的与商品图片氛围协调一致的文字，不仅别致，也使画面显得更协调，如图6-3所示。

图6-3 "图案+文字"促销海报

技巧3：书法字体。平时可以在宣纸上用枯笔做几个笔触扫描保存在电脑里，许多有古风古韵的商品都非常适合用这类字体，如图6-4所示。

技巧4：随意的手写、Q版的笔画，让人感到可爱、轻松、愉悦，充满童趣并很有亲近感，如图6-5所示。

促销海报的字体还有很多不同的效果可以去尝试，每种不同的方式也可以相互结合使用，只要设计的过程中不受束缚，创造就有无限可能。

图6-4 书法字体促销海报

图6-5 Q版字体促销海报

2. 色彩

人类认知世界的主要途径是通过视觉来感知，好的色彩运用可以增加促销海报设计的视觉冲击力，达到增强消费者对商家传达的信息的接收效果。舒适的色彩感应该是整体协调和局部点缀。整体协调指的是海报的整体色彩效果协调自然；局部对比是指只有小范围局部的地方运用一些强烈色彩的对比，俗称点缀色，点缀色能第一眼吸引消费者的眼球，尤其在促销海报上使用点缀色，能使促销的内容最直观地展现给消费者。

人们潜移默化地从生活中认知色彩，潜意识中形成了对色彩的象征性识别，例如嫩绿色的春天、火红色的夏季、金黄色的深秋、灰褐色的寒冬，以上四个色调单独出现时人便与相应的季节产生关联。还有一些常见的色彩对人也能产生相应的关联，例如蓝色的湖泊、红色的火焰、金黄色的太阳等。色彩还具有明显的心理感觉，比如在寒冬的室内，分别用蓝色和橙色的灯光做试验，人们便相应地在心里觉得室内温度有冷、暖变化。另外，色彩还有一定的民族性，由于环境、文化、传统等因素的影响，各个民族对色彩的运用习惯也存在着差异。我们在设计时，如果能合理运用好色彩的这些特性，就可以让观者与促销海报产生共鸣，从而提升促销海报的宣传目的及影响力。

以下介绍促销海报设计中几种常见的色彩运用上的方法：

方法1：促销海报版面可以使用暖色调的红、黄、紫、绿四个系列的色彩和赭石色搭配。如大红色、橙黄色、小份的紫罗兰和橄榄绿色与赭石色搭配使用，促销海报整体便呈现出温馨、喜庆、热情，如图6-6所示，这类色调比较适合店庆等店铺活动。

图6-6 暖色调促销海报

方法2：促销海报版面可以使用与冷色调相近的色彩搭配，如青色和墨绿色这类色系。这种色系的运用，明度上再采用深浅不同的变化，促销海报便整体呈现出深远、清冷、高雅的氛围，如图6-7所示。

图6-7 冷色调促销海报

方法3：撞色的促销海报版面，是通过把相互为补色的色彩搭配在同一版面中，像红与绿、黄与紫、橙与蓝都为互补色。补色的相互搭配，能产生强烈的视觉冲击，让画面在同类海报中尤为突出，但不易把握；必须遵循"大调和，小对比"原则，而不要盲目地为了对比而滥用，总体的色调还是要和谐一致，局部地方可以尝试一些小的强烈对比，或者两个互补的颜色调和至相同明度。这样处理，画面不仅和谐并且可以产生强烈的视觉效果，给人亮丽、鲜艳的感觉，如图6-8所示。

方法4：海报底色（背景色）的运用必须进行推敲。促销海报的目的是传达信息，这意味着观者能够清楚地了解促销海报传达的内容，并且过程轻松舒适。从色度上将促销海报的底色简单分为深色或者浅色，色彩学中称这种深浅变化为明度上的变化。底色为深色时，文

图 6-8　互补色促销海报

字图案颜色要浅,浅色背景时,文字商品图选择深色些,这样不仅可以凸显内容,整体画面的感觉也会比较丰富,如图 6-9 所示。

图 6-9　背景色促销海报

3. 构图

构图在摄影和图片处理的章节中都提到过,这里再总结一下构图在促销海报中的几种常用方法:

方法 1:文字和图片五五分。

这是最方便也是比较稳的一种构图方法,即把文案和图片各放一边。这种构图方式要注意文字的大小、粗细、摆放位置、字体的选择等,一定不能让画面杂乱,要突出想表达的中心点,如图 6-10 所示。

图 6-10　五五分构图促销海报

方法2：文字和图片三七分。

这是比较容易具有美感的一种视觉比例，整体画面会具有较强的节奏感和层次感，海报版面上有足够的空间可以尝试更多的设计效果，如图6-11所示。

图6-11　三七分构图促销海报

方法3：左右左构图。

商品图片以不同的位置、大小和角度在画面上摆放，形成空间感，如图6-12所示。

图6-12　左右左构图促销海报

方法4：虚实构图。

采用虚实相结合的构图方法，虚景衬托氛围，实景突出文案和商品，让促销海报层次更丰富，如图6-13所示。

方法5：横走向构图。

网店的大部分促销海报都是横向的，为了迎合横向布局，也可以将促销海报进行横走向构图，如图6-14所示。

方法6：斜切构图。

这种构图方式使整个画面充满非常强的张力，具有较强烈的视觉冲击，能让商品和需要

图 6－13　虚实构图促销海报

图 6－14　横走向构图促销海报

表达的核心内容更突出，如图 6－15 所示。

图 6－15　斜切构图促销海报

方法 7：黄金分割构图。

将图片和文字呈 1∶0.618 的黄金比例放置在促销海报上，如图 6－16 所示。

图6-16 黄金分割构图促销海报

4. 引导

活动促销海报最大的目的是让消费者看了海报中的促销信息后,能够点击海报到达购买页下单购买。促销海报图上明确的按钮和箭头都会对消费者产生一定的心理暗示,且按照视觉营销的消费者购物浏览习惯,消费者通常是按照左往右、从上往下的浏览顺序看的,所以引导按钮放在右下角是最合适的。这个位置正是消费者浏览目光的落脚点,并且将按钮的颜色设置成相对显眼的颜色,如图6-17所示。

图6-17 引导按钮促销海报

5. 氛围

我们在实体店买饰品时,看着展柜里的首饰很精致,可买回家之后看就总觉得没有在商场里看到时那么好看,很大一部分原因就归于灯光效果。专柜里的灯光亮度角度都完美地衬托出首饰的质感,网店中销售商品的时候也可以这样借鉴,小家电类、饰品类等需要体现质感的商品可以在促销海报上增加光感,更好地营造氛围并增强质感,如图6-18所示。也可以通过时间、数量等限制来营造紧张的氛围感。

(1) 时间限制

促销海报中的最后一天,注意表示出一种迫切感,表达出今天不买就再也没有这个优惠的语言,如图6-19所示。

图 6-18　氛围促销海报

图 6-19　时间限制促销海报

（2）数量限制

促销海报上显眼的是"限量预售"，限量两个字给消费者一种紧张感，限制数量有可能抢不到，售罄即无，如图 6-20 所示。

图 6-20　数量限制促销海报

（3）活动限制

年终大促、店铺周年庆、节假日促销等各类大型促销活动，仅现在几天才有，让消费者觉得买到就是赚到，如图6-21所示。

图6-21 活动限制促销海报

（二）调性一致

品牌调性，是品牌试图传达给消费者对品牌的幻想，通过一定的营销手法，使消费者把幻想当作现实来接收并形成品牌在消费者脑海中的第一印象，把消费者对品牌的第一印象固定在某处。

如果品牌形象不进行统一，消费者比较难产生记忆。一个真正被消费者认知的品牌，都会有一整套完整的视觉系统，这就是我们常规所说的VI。那么EVI是什么意思呢？就是电商识别系统，它和我们常见到的VI是有很大的区别的。

当我们看到雷锋的时候，我们往往会联想到雷锋帽；当我们看到孙悟空的时候，我们往往会联想到紧箍咒；当我们看到性感的红唇上方有一颗痣的时候，我们往往会联想到玛丽莲·梦露。为什么我们会产生这样的联想？因为这些人身上都有一些非常明显的标志和特点。同样，对于品牌来说，品牌只有具有鲜明的象征和个性，以及非常有记忆点的外在呈现形式，消费者才能更容易记住。但是仅仅有标志性还不够，品牌还必须一直被延续地使用，并且是统一的沿用，不能调性时常改变，就如希特勒永远留着那种小胡子，孙悟空永远是那样的形象，只有这样才能给消费者留下深刻的印象。

要建立消费者的认知，即品牌的象征是什么，那么就要让他们在促销海报中体验品牌的调性。第一个是配色，以此刺激消费者的欲望；第二个是字体，以吸引消费者的识别；第三个是图形，以勾起消费者记忆。这三个方法不是独立的个体，需组合使用，共同成为店铺独特的视觉形象，形成独特的店铺调性。什么是店铺调性？店铺调性就是通过视觉呈现的店铺独有的个性特点，店铺不仅有个性，而且有属于自己的灵魂。

初语的店铺调性很有辨识度，每个模特的眼睛画白色的眼影。不管初语的模特是哪种风格，消费者只要看到模特眼睛上有白色眼影，第一反应就是初语店铺，如图6-22所示，图片中黄色和红色的应用也使促销这个信息很明显。

图6-22　初语店铺促销海报

裂帛的民族风调性从模特的发型、服饰、背景的选择都具有明显的民族特色，店铺特征明显，调性和谐，如图6-23所示。

图6-23　裂帛店铺促销海报

乐町作为太平鸟旗下的少女风女装，从衣服的设计到配饰的应用，从模特的选择到模特的动作，整家店都充满了少女风的调性，如图6-24所示。

图6-24　乐町店铺促销海报

如图6-25所示，吐火罗的Logo充满了异域部落感，店铺Logo、商品、模特妆容、海报字体、颜色、文案无一展示着异域的调性，喜爱异域风的消费者很容易被打动并成为老客户。

图6-25 吐火罗店铺促销海报

（三）主题突出

主题是每张海报必不可缺的部分，海报都会有一个主题思想，是为了促销，还是为了宣传新品，或者是为了宣传店铺品牌形象，还是为了选择某一款爆款，等等，海报的文案和图片、背景都是为了更好地表现主题。

促销海报的主题一般是价格、折扣或其他促销内容本身，所以促销信息应当放在视觉焦点上，是海报上被突出和放大的元素。如图6-26所示，1.3折是很大的折扣活动，很有吸引力，海报重点就是为了突出1.3折这个主题。

图6-26 折扣主题促销海报

买就送主题，如图6-27所示，在清新的色调中用了显眼的红色突出"满100即送"这个重点，并且海报中间商品的旁边也紧紧围绕着"满100元即送"的主题。

不同等级的多主题表达，要分清主次关系，把次要的信息降到第二层级，避免平均分配，造成主要信息弱化，画面要突出最想表现的主题，如图6-28所示。

"限时7折"的主题占据促销海报第一视觉中心点，更大的面积、更粗的字体和较高的对比色是最基本的强化手段，也是大型活动时美工喜欢用的一种排版方式，如图6-29所示。

图 6–27　买就送主题促销海报

图 6–28　多主题促销海报

图 6–29　限时主题促销海报

（四）用户明确

现在平台都注意千人千面，让每个消费者都能最快速地筛选出自己想要的商品。商家店铺定位消费群体有一个大致范围，比如客户是男是女，年龄段大约从几岁到几岁，消费能力如何，平时喜欢些什么，为此在模特的选择上应该符合商品试用人群的特征。

中老年女装购买的消费者是中老年本人吗？通过数据可以看到，购买中老年女装的以年龄为30岁左右的女性居多，所以文案针对的对象应该是子女。如图6-30所示，海报上的文案写着："第二件半价，婆婆一件，妈妈一件"。这个促销文案很走心，消费者会感觉：这句话就是对我说的，因为我看到这张海报的时刻我正在给妈妈/婆婆买衣服。这就能很快引发消费者的情感共鸣，从而促成转化。

图6-30 中老年女装主题促销海报

针对老客户的促销海报，属于店铺自身个性化的形式，元素重复使用会吸引老客户的眼球，能让老客户更快速地去识别。如图6-31所示，妖精的口袋这次的店庆促销海报针对的用户非常明确，即老客户（粉丝）。

图6-31 妖精的口袋老客户促销海报

二、促销广告设计步骤

一张促销海报如果没有明确的设计流程，美工想到什么内容就往海报上添加，会出现如图 6–32 和图 6–33 所示的情况。

图 6–32　杂乱的促销海报 1

图 6–33　杂乱的促销海报 2

没有制定标准出来的促销海报，就像看了一场剧情混乱的电影，海报的呈现会出现颜色不统一、字体太混乱、文字辨识度不高、布局不统一、重点不突出、主题混乱、没有品牌感等问题。如果有一个标准，店铺的促销海报要表达的主题就可以很准确地传达到消费者的眼中。视觉问题做到位了，店铺的发展就事半功倍了。

以下是促销海报设计的步骤：

1. 确定商品图片

在拍摄每款要出售的商品的时候，不会只拍一张图片，会有各种角度和组合，可以首先挑选 1~2 张最能体现商品特色的图片，如图 6–34 所示。

图 6-34 奶瓶商品图

2. 梳理文案

定出促销海报的文案,当上面密密麻麻写了很多文案的时候,就该反思一下一张促销海报上是否需要那么多的文案,主题是否突出。如果内容太多了,就要精简提炼,切记,促销海报上的文案不宜过多,重点是能表达出最想要表达的主题。

3. 明确促销信息

可以用红色标注重点表达的促销内容以进一步明确促销信息,如图 6-35 所示。

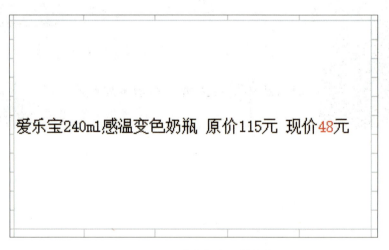

图 6-35 明确海报中促销信息

4. 布局构思

海报的布局是根据商品图片的角度、张数和文案的长短等综合素材去考虑,这样才能排出最能体现出促销点的海报来。如图 6-36 所示,根据奶瓶的商品图片和文案大致做了排版布局。

图 6-36　排版布局

5. 图片基调

奶瓶的特色是感温变色，感温变色从奶瓶的外套体现出来，外套从图片得知是黄色和红色，那么整体图片由黄色和红色两个颜色构成，具体哪个颜色为主，哪个颜色为辅，设计师可以自由编排，商品是婴幼儿商品，整体基调应偏健康活泼些。

6. 设计终稿

美工根据标准设计终稿，如图 6-37 所示。

图 6-37　奶瓶促销海报终稿

这样规范设计步骤后，美工工作也轻松，沟通更方便，工作效率也提高了。由此可见，建立视觉标准是一件一举多得的益事。

三、海报广告素材管理方法

广告素材资料是每个设计工作者最为宝贵的财富和灵感来源，为了更多地收集、更新资料以及有效地保护和利用资源，更好地避免资料丢失，以下介绍一些设计参考资料、素材资料的收集、管理及使用办法。

（一）素材资料的收集

资料的收集由全员在工作及生活中共同采集，现将所收集资料分为以下 5 类：

1. 文本型

收集方法：实体考察拍摄、印刷品的扫描、网络电子资源等。

2. 图形图像

收集方法：素材光盘、教学资源库、网上查找、电子书籍中、画报画册扫描、课件、直接创作等。

3. 音频

收集方法：专业的音频素材光盘或 mp3 素材光盘、资源库、在网上查找、CD、VCD、现有的录音带、课件、直接原创等。

4. 视频

收集方法：资源库、电子书籍课件及录像片、VCD、DVD、在网上查找、自己录制。

5. 动画

收集方法：资源库、电子书籍课件及录像片、VCD、DVD、直接制作等。

（二）资料的管理

资料的管理由视觉设计组长安排某位美工做好文件的目录整理及文件分类，公司的每一位员工都有共享资料的权利和保护资料的义务。

1. 资料整理的方法

①接收：由视觉组长安排的美工负责接收所有设计参考及素材资料。
②整理：根据分类和成立时间进行资料整理。
③分类：按照资料的各种类别进行分类（如按风格划分、按行业划分等）。
④目录整理：根据分类进行资料整理录入，方便后续资料查阅。
⑤保管：区分不同价值确定保管期限，包括永久、长期、短期。

设计部定期进行收集、整理，并编制相应的资料目录。资料汇总于主管处，再由专门人员统一添加分类保存并更新目录。

2. 资料的使用方法

①所有资料使用者、查用者不得随意修改内容，更改其文件格式及所存放的目录。
②有价值的文件及设计参考资料及素材资料等，必须备份于主管处，不得私自删除或拷贝。
③所保管的文件资料如需更新或者删除，需报主管批准。

只有让部门职能更加标准化，才能进行流程化管理，而这需要一个磨合的过程。一旦磨合好，团队就将是一个高效的团队。

参考文献

[1] [英] 史蒂夫·麦克劳德. 摄影后期——拍摄. 修饰. 洗印 [M]. 北京：中国青年出版社，2008.

[2] 韩丛耀. 图像：主题与构成 [M]. 北京：北京大学出版社，2010.

[3] 宿志刚，苏丹. 光影的诗篇——摄影美 [M]. 北京：北京师范大学出版社，2011.

[4] [美] 乔纳森·弗里德. 美学与摄影 [M]. 王升才，冯文极，库宗波，译. 南京：江苏美术出版社，2008.

[5] 苏盛鑫. 人像摄影用光实战指南 [M]. 北京：人民邮电出版社，2011.

[6] [美] 约翰·哈林顿. 商业摄影师的专业之路 [M]. 2版. 马振晗，译. 北京：清华大学出版社，2011.

[7] 伍振荣. 数码摄影修图教材 [M]. 北京：中国摄影出版社，2011.

[8] 严晨，张岩艳. 商品摄影与后期处理全流程详解 [M]. 北京：机械工业出版社，2015.

[9] 王亚非. 标志设计 [M]. 长春：吉林美术出版社，2006.

[10] 淘宝大学. 网店视觉营销 [M]. 北京：电子工业出版社，2013.

[11] 张枝军. 网店视觉营销 [M]. 北京：北京理工大学出版社，2015.

[12] 淘宝大学. 视觉不哭——美人心计，视觉营销夺流量 [M]. 北京：电子工业出版社，2014.